终极控制结构
与公司绩效

取自中国A股自然人控制的
上市公司的数据

钟纪友 ◎ 著

经济科学出版社
Economic Science Press

图书在版编目（CIP）数据

终极控制结构与公司绩效：取自中国 A 股自然人控制
的上市公司的数据/钟纪友著. —北京：经济科学出
版社，2021. 12
ISBN 978 - 7 - 5218 - 3337 - 9

Ⅰ.①终…　Ⅱ.①钟…　Ⅲ.①上市公司 - 股权结构 -
研究 - 中国　Ⅳ.①F279. 24

中国版本图书馆 CIP 数据核字（2021）第 265917 号

责任编辑：孙丽丽　撒晓宇
责任校对：刘　娅　李　建
责任印制：范　艳

终极控制结构与公司绩效
——取自中国 A 股自然人控制的上市公司的数据
钟纪友　著

经济科学出版社出版、发行　新华书店经销
社址：北京市海淀区阜成路甲 28 号　邮编：100142
总编部电话：010 - 88191217　发行部电话：010 - 88191522
网址：www. esp. com. cn
电子邮件：esp@ esp. com. cn
天猫网店：经济科学出版社旗舰店
网址：http://jjkxcbs. tmall. com
北京季蜂印刷有限公司印装
710×1000　16 开　9. 25 印张　120000 字
2022 年 6 月第 1 版　2022 年 6 月第 1 次印刷
ISBN 978 - 7 - 5218 - 3337 - 9　定价：40. 00 元
（图书出现印装问题，本社负责调换. 电话：010 - 88191545）
（版权所有　侵权必究　打击盗版　举报热线：010 - 88191661
QQ：2242791300　营销中心电话：010 - 88191537
电子邮箱：dbts@ esp. com. cn）

摘　要

过去的四十多年，中国私有经济取得了长足发展，私人控制的公司在技术创新、产品和服务的生产、创造就业机会等方面成绩惊人，成为中国经济极具活力的部分之一。这些私人公司的终极控制人作为公司的掌控者，拥有公司的最高权威，能对公司资源的配置做出最终决定。终极控制结构是终极控制人赖以对公司实施有效的控制并获取收益的最重要的顶层架构。终极控制结构在股权控制、日常管理控制、控制的资产规模方面的特征差异，能影响终极控制人和其他参与者的行为取向，具有显著的治理效应。不同的终极控制结构安排会产生不同的公司绩效结果。

终极控制结构是一个复杂的结构，需要对其从多个视角进行观察并从多个维度进行描述。公司绩效是对公司能否持续达成企业目标的衡量。本书综合平衡董事监事高管（以下简称"董监高"）团队建设绩效、财务绩效、债务风险管控绩效三个绩效模型来衡量公司绩效。本书在理论分析和对前人文献梳理与探讨的基础上，共提出了 11 条假说。本书采用 2017 年中国上市公司的截面资料，选取中国 A 股上市公司中在 2017 年内终极控制结构没有发生变动的 527 家公司进行了实证分析。

本书依据实证检验结果提出了以下结论和建议。（1）终极控制人的投票权比例对公司绩效存在正向影响，终极控制人通过一致行动人协议、委托投票权协议、金字塔股权结构等安排增加投票权的行为应该被允许。(2)终极控制结构的规模（即公司净资产规模）对董监高团队建设绩效和财务绩效存在正向影响，应当鼓励公司通过股权融资增加净资产规模。(3)终极控制人亲自担任董事长或总经理强化公司日常管理控制对公司董监高团队建设绩效、财务绩效、债务风险管控绩效均存在正向影响，应当鼓励终极控制人亲自担任董事长或总经理，不做"甩手掌柜"。(4)净资产收益率对净资产负债率存在负向影响，终极控制人持续控股年数对此起反向调节效应，终极控制人由于长期控股而产生的控制权疏忽与高投资回报同时出现时，净资产负债率会增加。(5)终极控制人投票权和现金流权的两权偏离反向调节净资产收益率对净资产负债率的负向关系。高两权偏离与高投资回报同时出现时，净资产负债率会增加。

Abstract

In the past 40 years, China's private economy has made great progress. Privately controlled companies have made remarkable achievements in technological innovation, production of goods and services, and job creation, becoming one of the most dynamic part of China's economy. The ultimate controllers of these private companies, as the controllers of the company, has the highest authority of the company and can make the final decision on the use of the company's resources. The ultimate control structure is the most important top-level structure for the ultimate controller to effectively control the company and obtain profits. The different characteristics of ultimate control structures in equity control, daily management control and asset size can affect the behavior orientation of ultimate controller and other participants, ultimate control structure has a significant governance effect. Different arrangement of ultimate control structure will produce different results of corporate performance.

Ultimate control structure is a complex structure, which needs to be observed from multiple perspectives and described from multiple dimensions. Corporate performance is a measure of whether a company can achieve its goals continuously. In this study, three performance modules, i. e. team building performance, financial performance and debt risk management and control performance, are integrated to measure corporate performance. Based on the theoretical analysis and previous literature review, this study puts forward 11 hypotheses. Based on the cross-sectional data of Chinese listed companies in 2017, this study selects 527 Chinese a-share listed companies of which ultimate control structrue have not changed during 2017 for empirical analysis.

Based on the results of empirical tests, this study puts forward conclusions and suggestions. (1) The proportion of voting rights of the ultimate controller has a positive impact on the performance of the company. The ultimate controller should be allowed to increase the voting rights through the arrangement of consensus action agreement, proxy voting agreement, pyramid ownership structure and so on. (2) The scale of ultimate control structure, i. e. the scale of net assets of the company, has a positive impact on financial performance and the team building performance of the board of directors, supervisors and senior executives. Companies should be encouraged to increase the scale of net assets through equity financing. (3) The ultimate controller acting as the chairman or general manager in person to strengthen his/her control on the company's daily management has a positive impact on team building performance of directors, supervisors and senior executives, financial performance, and debt risk management and control performance. The ultimate controller should be encouraged to act as the chairman or general manager in person instead of being a shareholder only. (4) The rate of return on net assets has a negative impact on the net asset liability ratio. The number of years of continuous control by the ultimate controller has a reverse regulatory effect on it. When the carelessness of the ultimate control which due to long-term control of the company and high return on investment occur at the same time, the net asset liability ratio will increase. (5) The deviation of voting right and cash flow right reversely regulates the negative relationship between return on equity and debt to equity ratio. When high return on investment and high deviation of voting right and cash flow right occur at the same time, the net asset liability ratio will increase.

目 录

第1章

绪 论

1.1 研究背景和意义

1.1.1 研究背景

经济体配置资源的途径主要通过市场交易和企业内部管控,其对应的资源配置效率便是交易效率和生产效率。公司是经济体中资源配置的主要载体,公司绩效反映公司配置资源的效率。如何通过完善公司治理以提升公司绩效一直是理论界和实践界探究的问题。终极控制权在公司治理中发挥着关键作用,终极控制权的结构特征反映了公司权力的具体安排,公司权力的安排影响着参与者的行为,具有显著的治理效应,即终极控制结构影响着公司绩效。伯利和米恩斯(Berle and Means,1932)共同出版的著作《现代公司和私有产权》,开启了公司控制权和公司绩效关系研究的先河。自此众多学者对控制权进行了大量的研究。

在公司治理实践中,公司终极控制权的争夺和转移总能引起社会的广泛关注。公司终极控制权变动改变了公司权力安排,具有显著的公司治理效应,因此容易成为工商界乃至全社会的新闻焦点。

在"股东中心主义"的公司治理语境下,决定公司资源配置的关键性决策权配置给了股东;在"董事会中心主义"的公司治理语境下，决定公司资源配置的关键性决策权配置给了董事会；在"经理中心主义"的公司治理语境下，决定公司资源配置的关键性决策权配置给了首席执行官或总经理。相比于传统制造类公司，高新技术公司更倾向于给员工更多授权，让员工作出大量决策，而不是对上层一味恭顺听从。但无论是"股东中心主义"，还是"董事会中心主义""经理中心主义"，无论终极控制人实施"亲力亲为以抓权"或"知人善任以授权"，变的是资源和技术的局限条件，恒久不变的是资源配置的核心理念："谁用得好就应该给谁用"，即谁能更有效地利用公司的资源，这些资源的控制权就该配置给谁。

在资本非常稀缺的时代，资本的所有者（股东）以自己积累的财富佐证了自己的企业家才能，将公司终极控制权配置给股东的"股东中心主义"成为主流的公司治理范式。在资本相对充裕的股权分散时代，公司的大量权力转移到了受过专业教育的管理专家即职业经理人身上，"经理中心主义"的公司治理范式大行其道。

公司治理的实质是公司的权力安排和利益分配，其中最为重要的就是公司剩余控制权的安排，剩余控制权安排得合理与否是影响公司绩效的最重要的因素之一。由于公司是国家经济的微观基础，完善公司治理对产业和整个市场经济的发展具有重要意义，许多国家都顺应市场环境的变化制定了符合当时实际情况的公司治理原则。如英国于 1992 年制定了卡德伯利（Cadbury）报告，又于 1995 年制定了格林伯利（Greenbury）报告，接着又在 1998 年发布了哈姆佩尔（Hampel）报告，还于 1999 年制定了公司治理准则和特恩布尔（Turnbull）报告，这些先后发表的五个规范对完善英国公司治理起着非常重要的作用。美国政府于 1994 年制定了詹金斯（Jenkins）报告，又在 1996 年发布了全美董事联合会咨询委员会 NACD 报告，接着在 1997 年制定了商业圆桌会议公司治理原则。经济合作与发展组织于 1999 年制定了

"OECD 公司治理原则"。法国、日本、德国等其他国家也纷纷制定了适合本国国情的公司治理准则。

公司终极控制权在公司治理中起着如此重要的作用，深化终极控制结构的研究，探究终极控制结构对公司绩效的影响，对于改善公司治理、提升公司绩效具有重要的理论和实践意义。

1.1.2　研究意义

在公司治理的历程中，公司治理的实践和理论研究及两者的互动，共同促进着公司的善治和绩效提升。公司治理领域研究的基础逻辑经历了股东和管理层之间的委托代理关系、小股东和大股东之间的委托代理关系、从公司内部治理到外部治理、基于利益相关者理论的公司治理和企业社会责任理论等发展过程。股权结构与公司绩效之间的关系是学术界公司治理研究的热点。股权结构作为公司治理结构的关键安排，关系到公司治理的完善、投资者利益的保护和资本市场的发展等一系列问题。自从终极股权概念（Laporta et al.，1999）被提出以来，人们对股权结构的关注焦点已经从直接股权结构转向了终极股权结构。通过追溯上市公司股权结构，直至终极控制人，从而立体审视终极控制结构和公司绩效之间的关系已成近年来公司治理研究的热点之一。

公司里各项的事务谁说了算？决定公司事务的权力应该配置给谁？该亲力亲为以抓权还是知人善任以授权？这些困扰管理实践人员和理论研究人员的问题，关系着公司治理的成效和利益的分配。其背后涉及公司治理的基本问题：终极控制结构、股权控制、管理权控制、控制的净资产规模及公司绩效。这些问题在不同的历史背景和技术条件下有着不同的答案。公司控制结构演化的方向是什么？各种公司控制结构模式背后是否有着共同的目的和原则？这是当前国内外研究公司治理的学者所探讨的热点问题之一。本书从公司的终极控制结构入手，揭示现代公司终极控制结构的特征如何影响公司的绩效，为我国公司终极控制结构的设计提供理论参考。

1.2　研究对象和相关概念

1.2.1　研究对象

以自然人为终极控制人的中国 A 股上市公司已经成为中国经济最具活力的组成部分，本书将其作为研究对象。从公司终极控制结构的几个基本问题着手，研究公司终极控制结构与公司绩效的相关理论问题，分别从股权控制和管理控制等层面分析公司终极控制结构，从董监高团队建设绩效、财务绩效和债务风险管理绩效三个方面来衡量公司绩效，并实证分析终极控制结构特征对公司绩效的影响。本书旨在分析终极控制结构对公司绩效的影响关系，采用 2017 年 A 股上市公司的截面数据，需要确保数据观测期限内（2017 当年）终极控制结构保持不变。通过比对 2017 年初和年末终极控制结构，找到终极控制结构未发生变更的 531 家上市公司，剔除数据不全和存在极端异常值的 4 家上市公司，剩余 527 家上市公司，列为研究对象。

1.2.2　相关概念

1. 控制权

在公司缔结的所有契约中，契约明确约定的权利义务关系只需依照契约按部就班地执行，真正对公司治理起关键作用的是关于公司资源的所有可能用途中契约未予以明确规定的用途。对公司的控制就是指对公司资源进行配置以实现公司目标。公司的控制权就是对公司资源除在契约中明确规定的用途外剩余的所有可能的用途的支配权。终极控制人对公司的控制主要体现在股权控制和管理权控制。

2. 终极控制人

终极控制人是指位于股权结构中控制链条最顶层的股东。终极控制人以直接及间接方式对目标公司进行实际控制，直接控制指终极控制人通过直接持股的方式对上市公司进行控制；间接控制指终极控制人利用金字塔股权结构、委托投票权协议、一致行动人协议和双重股权制度（AB股）等复杂股权结构间接掌握对公司的实际控制权，隐秘性和复杂性是其重要特点。终极控制人通过这些复杂股权结构实施对公司的控制容易导致投票权和现金流权两权偏离问题，这让终极控制人用较小的现金流权获得较大的投票权，进而引发关联交易、转移公司资源、转移定价、掏空上市公司等侵害中小投资者利益的行为。

3. 终极控制结构

源于终极控制人在公司最高权力机构即股东大会具有的高比例投票权，终极控制人对公司治理具有高度话事权。终极控制人通过在股东大会行使投票权和对董监高人员的选任，分别实现了其对公司的股权控制和管理权控制。可见终极控制人对公司的控制不是单维度的，股权控制和管理权控制组成了复杂的立体的控制结构，不同的终极控制结构在现金流权、投票权、两权偏离、董监高任职、控制权规模等方面存在差异。不同的终极控制结构会影响公司治理参与者的行为选择，具有公司治理效应，最终影响公司绩效。

4. 公司绩效

罗波特和罗因在1985年认为绩效应该包含三个层次的意义：效果、效率和适应性。里巴斯在1995年指出，公司绩效是对能否成功地达成公司目标的一种衡量，绩效评价是对执行企业目标的有效性的评价。温克崔曼和热玛亚·尼杰姆曾提出三类不同的公司绩效衡量指标：（1）财务绩效，即用公司财务指标衡量的公司盈利能力；（2）企业绩效，除了财务性绩效之外，还包括市场占有率、产品质量、运营绩效、附加价值等非财务性的指标；（3）组织绩效，除了前两者外，还包括达成组织各种互相冲突目标以及各种关系的目标。杨国彬（2001）认为企业的经营绩效评价是对企业一定经营期间的资产运营、财务效益、资本保值增值等经营成果进行客观、公正的综合评判。刘志彪（2004）指出绩效是企业经营者通过合理配置企业内外各种资源，以有效达成企业目标的程度或表现。

衡量公司绩效的指标大致可分为两类：财务绩效和市场绩效。财务绩效就是指采用企业财务报告中一些财务比率来衡量企业经营成效的方式，例如净资产收益率（Return on Equity，ROE）。而市场绩效则是以财务绩效为基础，又包含了市场对公司的评价，可以概括为企业财务绩效的市场反应，例如托宾 Q 值。作为衡量公司绩效的两个常用指标，净资产收益和托宾 Q 值在衡量公司绩效上各有优缺点，比如净资产收益率只关注到净资产的收益率而没有考虑公司面临的风险因素，托宾 Q 值在计算重置成本时因找不到合理的计量指标而往往只能用账面资产来代替。在本书中，采用净资产收益率作为衡量公司绩效的指标之一。

20 世纪 90 年代哈佛商学院的罗伯特·卡普兰（Robert Kaplan）和诺朗诺顿研究所（Nolan Norton Institute）所长、美国复兴全球战略集团创始人兼总裁大卫·诺顿（David Norton）提出了一种绩效评价体系，被称为平衡计分卡。平衡计分卡打破了传统的单一使用财务指标衡量业绩的方法，是在财务指标的基础上加入了未来驱动因素，即客户因素、内部经营管理过程和员工的学习成长。平衡计分卡反映了财务、非财务衡量方法之间的平衡、长期目标与短期目标之间的平衡、外部和内部的平衡、结果和过程的平衡、管理业绩和经营业绩的平衡等多个方面。平衡计分卡能反映公司综合经营状况，使业绩评价趋于平衡和完善，利于公司长期发展。平衡计分卡自创立以来，在全球特别是美国和欧洲，引起了理论界和商业界的热烈反响。借鉴平衡计分卡综合、平衡地评价公司绩效的理念，我们认识到财务绩效指标和市场绩效指标如托宾 Q 值在衡量公司绩效方面存在的缺陷，同时考虑到董监高团队作为公司的核心人力资源和核心竞争力的来源，公司债务风险管控绩效是公司绩效的重要方面，因此，本书采用综合董监高团队建设绩效、财务绩效和债务风险管控绩效三种绩效的方法来衡量公司绩效。

1.3　研究设计

1.3.1　研究框架

公司终极控制结构是一个多维度结构，本书从以下方面探究终极控制结构：股权控制（包括现金流权、投票权和两权偏离），反映终极控制结构的源头；管理权控制（终极控制人亲自担任董事长或总经理），反映终极控制结构的延伸；净资产规模，反映终极控制结构的规模。终极控制人的投票权反映其对公司的重大经营决策的话事权；终极控制人是否亲自出任董事长或总经理反映出其对公司日常经营决策的支配权；公司净资产规模反映终极控制人能配置公司资源的多寡和终极控制结构的规模。本书试图揭示终极控制人对公司控制的路径、方式、规模、时间等因素对公司绩效的影响关系。

终极控制人通过金字塔股权结构、委托投票权协议、一致行动人协议和双重股权（即 AB 股制度）等股权结构安排，实现了以少量的现金流权获得更大的投票权，使自身拥有的现金流权比例和投票权比例产生两权偏离，这提高了终极控制人对公司重大经营决策的话事权。终极控制人亲自担任董事长或总经理对其他董监高人员进行选任和监督，拉近了终极控制人与董监高人员的距离，减少了公司治理活动中委托代理关系链条的层级，能降低代理成本。这些终极控制结构的具体安排具有一定的公司治理效应，影响公司的绩效。

本书采用了管理学、经济学的基本研究方法，并引入博弈论、制度经济学、公司金融学和计量经济学的基本分析工具，将理论研究和实证研究相结合，对研究对象进行了深入探究。

基于公司治理系统的复杂性和学术研究的严谨性，必须看到股权控制、管理权控制与公司绩效等变量都属于内生变量。股权控制和公司绩效之间、管理权控制和公司绩效之间都存在互相影响的关系，要理清这些关系势必建立非递归模型，但非递归模型存在模型不可识别的问题。本书为了避免非递归模型难以识别的问题，对研究模型进行简化，通过人为选择终极控股结构没有发生变化的上市公司作为研究对象，一定程度上排除了公司绩效对终极控股权结构的影响。通过比对上市公司年报初期和末期的终极控制人任职状态数据，确保所选择的上市公司的终极控制人亲自担任公司董事长或总经理的状况在研究期内保持不变，把管理权控制和公司绩效的相互影响关系简化为管理权控制对公司绩效的单向影响，从而使研究模型得到简化。

本书的逻辑框架见图 1-1，研究主体分两大部分：理论研究和实证研究，理论研究为实证研究做理论铺垫，并由理论研究提出研究假说；实证研究检验理论研究提出的研究假说。理论研究首先梳理与终极控制结构和公司绩效相关的基础性经典理论，其次探讨和评述最新的研究文献和研究成果。理论和文献述评主要围绕两个方面：一方面是终极控制结构及其三个维度即股权控制、日常管理控制和控制结构的规模；另一方面是公司绩效及其三个维度即高管团队建设绩效、财务绩效和债务风险管理绩效。在实证研究部分，首先根据研究假说选择变量并收集相关的数据，其次建立研究模型进行假说检验，最后对检验结果进行讨论并提出政策建议。

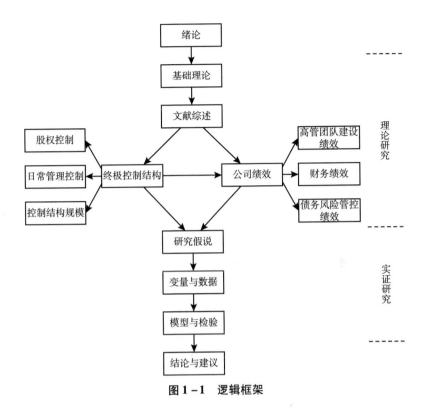

图 1 – 1 逻辑框架

1.3.2 本书结构

本书试图在一个大的逻辑框架下研究终极控制结构对公司绩效的影响，具体到细节则分条块探究，分别就终极控制结构的主要特征对公司绩效的影响展开分析，层层推进，首先提出假说，其次对假说进行检验，最后根据检验结果得出结论并提出政策建议。

以此为思路，本书共分7章，其结构安排如下：

第1章为绪论。本章主要介绍研究背景、选题意义、研究框架和创新之处，并对书中涉及的重要概念加以解释说明。

第2章是基础理论。本章梳理了与公司终极控制结构相关的公司治理基础理论。本章分析了多种企业理论和公司治理理论对公司控制权力的来源和权力安排的解释；梳理了学术界对公司终极控制权的认知不断深化的过程；整理了产生于不同时代背景的多种公司治理理论范式下各种股权控制理论；述评了涉及管理权力的职位权力理论、授权理论和高管团队理论；梳理了关于公司债务管理的资本结构理论。

第 3 章为文献综述。本章首先梳理了与公司控制结构相关的研究文献；述评了公司终极控制结构与公司绩效的相关理论和实证文献。其次述评了终极控制结构作用于企业治理的机制、路径、方式和条件，明晰了终极控制结构及其公司治理效应的理论框架。

第 4 章是研究假说。本章在理论分析和文献探讨的基础上提出了 11 个假说。

第 5 章为假说检验。本章分为变量定义、模型设计、数据来源和检验结果四个部分。

第 6 章为研究结论与建议。本章详细解读了实证检验结果，就研究假说被证实的情况展开分析；得出了相关研究结论和政策建议。

第 7 章是研究不足和展望。本章分析了本书的不足，明晰了研究结论的局限，并提醒读者恰当地使用研究结论来指导企业治理实践；展望了改进本书的空间以及未来深入研究的方向。

1.4　创新之处

本书应用制度经济学、契约经济学、管理学和公司金融学等学科的理论和方法，深入分析和研究了终极控制结构对公司绩效的影响，并进行了实证分析。本书的主要创新之处如下：

对公司的终极控制结构有了新的认识。本书通过梳理传统的公司终极控制权研究发现，已有文献对终极控制权的认知过分聚焦于股权结构。终极控制结构是终极控制人赖以实现对公司控制的制度设计和机制安排，尽管终极股权控制是终极控制结构的最主要特征，但管理权控制、控制的资产规模等特征也是终极控制结构的重要特征。实证结果也表明，股权控制、管理权控制、控制的资产规模都对公司绩效存在显著影响。

对公司绩效的衡量采用了多重指标。主流的几种公司绩效衡量办法，如财务绩效从企业发布的财务报告中构造财务比例指标来衡量公司经营成果，该方法仅关注公司的财务表现，忽略了企业在可持续经营、债务风险管控等其他方面；而以托宾 Q 值为代表的市场绩效虽然能较为全面反映公司经营成果，但明显受到市场情绪等不理性因素的局限，有效资本市场假说也常被质疑。平衡计分卡在衡量公司绩效时采用了综合平衡的理念，即衡量公司绩效要尽可能从多个方面来综合衡量评价，避免单独看财务表现。本书参照平衡计分卡的综合平衡理念，从董监高团队建设绩效、财务绩效和债务风险管控绩效三个方面评价公司绩效。

由于终极控制人会根据公司绩效等因素调整终极控制结构，终极控制结构具有内生性。本书的目的在于研究终极控制结构对公司绩效的影响，需要尽量减少终极控制结构的内生性。本书通过对比上市公司连续两年年报公布的终极控股结构，选择终极控制结构在研究期内没有发生变动的上市公司作为样本公司，减少了自变量存在内生性的问题。这也避免了当终极控制结构在研究期内发生变更时是采用变更前还是变更后的终极控制结构的争议。

本书的实证结果支持了终极控制人持续控股的年数反向调节净资产收益率对净资产负债率的负向影响的假说。终极控制人持续控股公司的年数单独对净资产收益率和净资产负债率均无显著影响，但终极控制人因长年控制公司产生的对失去控制权的疏忽同高投资回报率一起出现时，举债行为会增加。这一研究结果对指导公司债务风险管控具有一定的实用价值。

本书的实证结果也支持了终极控制人投票权和现金流权两权偏离反向调节净资产收益率对净资产负债率的负向影响的假说。终极控制人两权偏离单独对净资产收益率和净资产负债率均无显著影响，但终极控制人因两权偏离产生的权责不一致同高投资回报率一起出现时，举债行为会增加。这一研究结果对公司债务风险管控具有指导意义。

第2章

基 础 理 论

2.1 公司治理理论

随着公司治理实践的发展,公司治理研究也不断深入,关于公司治理的讨论经历了从 BM 范式到 LLSV 范式的转变。BM 研究范式产生于股权相对分散的时代背景下,研究的重点是解决公司所有者与公司经营者之间的代理冲突;LLSV 研究范式的假设前提是集中股权结构,如何降低公司大股东与中小股东及债权人间的代理成本问题是 LLSV 研究范式关注的焦点。不同于英美等国的证券市场,中国证券市场对中小股东权益保护不足,这导致中国上市公司普遍存在集中股权结构。

2.1.1 不完全契约理论和剩余控制权理论

格罗斯曼和哈特 (Grossman and Hart,1986)、哈特和莫尔 (Hart and Moore,1990) 等共同开创了不完全契约理论和剩余控制权理论。这两个紧密联系的理论已经成为研究公司治理实践中控制权配置对激励和信息获取的影响的最重要分析工具。不完全契约理论的假设前提是契约是不可能完备的,并以此为研究起点,研究财产权或剩余控制权的最佳配置。这一理论也被称为格罗斯曼—哈特—莫尔 (GHM) 理论或 GHM 模型。

契约的不完全性是指契约是不可能做到完备的。不完全契约理论中所指的契约不完全性体现在：第一，在复杂和充满不确定的现实中，人们难以预判即将发生的事情，也无法就所有可能发生的各种情形一一准备应对办法。第二，哪怕能找出应对办法，缔约的各利益方也难以就这些方案形成合同文本，因为参与其中的各利益方无法就各种情况和相应的行为找到一种共通的语言来界定。在面临这种情况时，过去的经验对提升当前契约的完备性没有帮助。第三，即使参与其中的各利益方能对将要发生的各种情况进行计划和商量，利益各方也很难以就以下问题明确解决方案：在参与各方产生纠纷时，法院等外部权威能够明白这些计划并对应对方案加以强制执行。

不完全契约理论认为，现实中契约的不完全性是一种常态，因为明晰所有的特殊权力以拟定完全契约的成本高到使完全契约无法存在。契约存在不完全性的根源在于人类的理性是有限度的、拥有的信息是不完备的及交易事项是不确定性的。不完全契约理论认为，在契约中可预见、可实施的权利对资源配置影响不大，真正能对资源配置起到关键影响的是那些在契约中未曾提及的对于资产用途进行控制的权力，也就是剩余控制权。在传统产权理论中用资产这一术语来界定所有权，而剩余控制权理论对所有权的阐述截然不同。对某项资产剩余权力的拥有才是资产的所有者最该关注的问题。哈特等认为应该将所有权定义为事后的控制决策权或剩余控制权。按哈特的不完全契约理论，投资决策中相对重要的一方拥有剩余控制权才符合经济效率原则。对物质资产的所有权的本质就是对物质资产的剩余控制权。格罗斯曼、哈特和莫尔等直言：企业剩余控制权就是企业的所有权。

现实经济中充满了不确定性。市场参与者们无法预测未来将要发生的所有事情，也无法就所有可能发生的状态在他们签署的契约中写明交易各方拥有的权利和承担的责任，即使有能力做到，这样做的交易费用会超出交易的获利，交易也变得不可行。要想明确交易各方在所有可能情况下的特殊权力和责任，该过程的成本极高，这意味着订立模糊和不完备的契约是一种必然选择。不完全契约将契约未明确的权利赋予物质资产的所有人，这时物质资产的所有权在交易活动中便具有决定性意义。

依据不完全契约理论，公司权力的安排和分配是以物质资本的所有权为基础的，由于劳动力对物质资产存在依附性，拥有物质资产的所有权也意味着能对劳动者进行控制，由此认为，企业的界定是以其所拥有并掌控的非人力资本为依据。股东不仅是公司治理的权力主体，拥有主控权，还能获得公司治理的收益，原因在于股东拥有公司的非人力资本，也拥有着公司的剩余控制权，也就是公司的所有权。

哈特将权利分为特定权利与剩余权利，剩余权利也称为剩余索取权、剩余控制权。在契约中被明确规定的权利定义为特定权利，而契约中没有被明确规定的权利被定义为剩余权利。哈特等认为企业与市场的区别在于剩余控制权的配置，在市场交易关系中，剩余控制权在交易双方是对称分布的，但是在企业管理活动中，剩余控制权的分布是非对称的，终极控制人拥有超比例的剩余控制权。哈特等还认为，当经济行为主体之间达成一种契约关系，财产投入生产活动以创造收入，要在契约中明确列出所有关于财产的特殊权利是不可能的，这样做的成本也会高到无法承受，解决这一问题的方法是公司的兼并，即一方把另一方的剩余权利买下来。在公司兼并中，兼并方获得新增的剩余权利，可以增加自身的收益，被兼并方失去了对被交易物质资产的剩余控制权，对其是损失，由此形成了剩余控制权的不对称分布，这会扭曲激励机制。公司兼并必须满足一个条件才能产生有效率的结果，这一条件便是剩余权利购买者（即兼并方）在激励上所获得的收益要大于剩余权利出售者（即被兼并方）在激励上的损失。这意味着应当由投资行为更重要的一方来取得剩余权利的所有权。根据不完全契约理论，在契约不完全的条件下，物质资产所有权是企业权力的来源，对物质资产的所有权会导致对劳动者的控制，这体现了股权控制的重要性。

2.1.2 委托代理理论

简森（Jensen）和梅克林（Meckling）探究了企业管理活动中存在的内部信息不对称问题和员工激励问题，并于 1976 年创立了委托代理理论。委托代理理论很好地解答了在信息不对称的情况下，如何设计最优契约以激励代理人为委托人的利益而努力的问题。委托代理理论涉及作为公司资源提供者的股东与公司资源使用者的公司员工之间的契约关系。

按照委托代理理论，公司的所有者是委托人，负责管理和使用公司财产的经理人员是代理人。公司资源的所有者亲自担任经理人时，便拥有公司全部的剩余索取权，实现了激励兼容，经理人会为自己的利益敬业地工作，这时不存在代理问题。公司以发行股票等方式进行外部融资会使公司的管理权和收益权发生分离。管理者就有产生偷懒和提高职务消费的强烈动机。拥有公司全部股权的管理者和只拥有公司部分股权的管理者在管理行为上的差异是显著的。公司通过债务融资获得经营资源，也会产生代理问题。因代理问题而导致的成本被称为代理成本。代理成本由监督成本和守约成本共同构成。外部股东为了监督管理者的职务消费和偷懒行为支出的成本是监督成本；代理人定期向委托人报告经营情况、聘请外部独立审计等行为是为了取得外部股东信任，这些自我约束行为产生的成本是守约成本。

代理人掌握的信息比委托人更多，信息的不对称不利于委托人对代理人实施有效的监控，委托人难以确保代理人为委托人的利益服务。作为追求自身利益最大化的理性人，委托人和代理人都会在签订代理契约的过程中追求自身利益的最大化。购置高档轿车、追求办公室的豪华、进行不必要的商务旅行借机满足私人旅行需求等行为都是以损害股东利益为代价，去实现代理人自身利益的最大化。要想确保契约关系是有效率的，即达到交易的帕累托最优，就必须使委托人和代理人没有任何一方能不以损害对方的利益为代价以增加自身利益。有效的市场竞争机制可以抑制委托代理双方的机会主义行为，让委托代理成本尽可能降低。市场竞争机制让在委托代理关系中实施机会主义行为的行为主体遭受信誉损失并失去客户。有效的股权市场会让被证券管理部门通报批评的会计师事务所失去客户。有效的经理人市场会让声誉不佳的经理更难在职业经理人市场上找到工作。

为了保障各自最大化的利益，委托代理契约的主体——委托人和代理人都须承担相应的契约成本。如编制标准化的、便于查阅的财务报表并经过外部会计机构审计，这一惯例安排是为了让委托人监督代理人。代理人为了向委托人证明他们是如何高效诚实地履行了职责，花费大量时间进行工作记录并向委托人展示工作成效，这增加了职业经理人的成本，但这些记录和展示行为未必有利于公司绩效提升。公司设置内部审计部门，让委托人即股东能获得职业经理人员的工作绩效信息，股东对经理人员的信任由此增加，这能巩固职业经理人在公司中的职位并维系工资水平。代理人因向委托人展示工作成效产生的费用支出，最终由委托人和代理人共同分担。

2.1.3　交易成本理论

诺贝尔经济学奖得主科斯于 1937 年发表开创性论著《企业的性质》，在经济学研究领域首次引入交易成本这一概念，并创造性地利用交易成本理论对比了企业与市场的差异和联系。交易成本理论的突出贡献在于加深了人们对企业的本质乃至整个经济体系的理解。在这一理论被提出之前，经济学界对市场上为什么存在企业知之甚少，而仅仅假定企业是一端输入资源另一端输出产品的黑箱。交易成本理论认为，在经济体系中资源的配置可以通过市场价格机制得以实现，资源的配置也可以通过企业的内部协调来达成，一种资源配置到底应该发生在企业内部还是应该发生在市场价格机制中，取决于两种资源配置方式的成本。当使用市场价格机制的成本高于企业管理协调的成本时，就会促成企业的出现来代替市场价格机制，以节省市场交易成本，因此企业是人们追求经济效率的结果。

因为所有为促成交易而形成的成本都属于交易成本，不同的交易标的往往会涉及多种不同类型的交易成本，所以难以穷尽列举各种交易成本，后文列出几种常见的交易成本。（1）搜寻成本：搜集市场中相关商品的信息和交易对手的信息所产生的成本。（2）信息成本：获取交易对象信息和与交易对方联络交互产生的成本。（3）议价成本：就价格、质量等方面议定交易条款进行讨价还价而产生的成本。（4）监督成本：监督交易对方是否履行契约条款而发生的成本，如验货发生的成本。（5）违约成本：当发生违约时，因处理违约而支付的费用，比如向法院起诉的成本。

将交易成本加以整理可以区分为两大类：事前的交易成本和事后的交易成本。事前交易成本包括签约、谈判、保障契约等成本。事后交易成本包括：出现了新的未被契约预料到的情况而导致原来的契约不再适用所产生的成本，指两方就不再适用的契约条款进行协商的成本；为取信于对方作出相应行为而导致的成本；为解决双方的纠纷与争执而设置的制度和机构的相关成本。

交易成本就是指伴随交易行为进行所产生的信息搜寻、契约条款谈判与交易执行等的成本。达尔曼（Dahlman，1979）通过分析交易成本的型态及基本内涵，根据交易活动的内容对交易成本加以分类处理，将交易成本分为：信息搜寻成本、决策与协商的成本、立约的成本、监督的成本、执行的成本与转换的成本。

在信息不完全的条件下，为保障交易符合双方当事人的利益而去拟定十分详细复杂的完备合同的费用会很高。当市场交易的费用超过企业内部管理协调的费用时，采用企业内部管理协调的方式便可以节省费用。市场交易可以实现资源配置，企业也可以实现资源的配置，这两种配置资源的方式之间可以互相替代。在市场上，价格机制这只"无形的手"在指导着资源的配置；在企业内部，管理者"有形的手"在指挥着资源的配置。

为实现资源有效率的配置，节约成本，可以在两种资源配置方式之间相机抉择，当一种资源配置通过市场价格机制进行的成本更低时采用市场价格机制，当一种资源配置通过企业内部管理机制进行的成本更低时采用企业内部管理来协调，企业的规模边界取决于企业内部协调管理成本和市场交易成本两者间的平衡。总之，交易成本理论认为企业的本质是替代市场价格机制进行资源配置的组织，即市场价格机制的替代物。

2.2 公司控制权理论

公司控制权是现代公司治理理论研究的焦点之一。对于公司控制权的内涵和外延，理论界众说纷纭还没有形成共识。从研究文献来看，目前关于公司控制权的理论分析可分为两类：一类从持股结构上去定义控制权；另一类强调应该从公司管理机制上界定控制权。

2.2.1 股权视角的公司控制权理论

股权视角的公司控制权理论从持股结构上去定义控制权，从所有权和剩余控制权的关系中引出持股权和公司控制权的关系。剩余控制权是指公司成立时未在公司契约中明确约定的，但能决定公司资产在契约限定的特定用途之外如何被使用的权力（Hart，1990），例如，重大投资决策、战略合作协定、兼并与重组等决策权。拉波塔（1999）通过分析多个国家的上市公司的股权结构后指出，控制权是指第一大股东有效控制上市公司经营管理决策的能力，以持股占总股本的 20% 作为股权控制标准，股东持股比例超过 20% 就可以获得上市公司的控制权。伯利和米恩斯（Berle and Means，1932）以持股比例为标准将公司控制类型分为五种：持股比例接近100%时为股东完全控制，持股比例大于50%时为股东绝对控制，持股比例介于20%～50%时为股东相对控制，股东通过构建股权控制结构实现合法控制（方式包括金字塔式控股、投票权委托、一致行动人协议），最大股东持股比例低于5%时的管理层控制。刘少波（2007）认为控制人的现金流权比例总会小于等于投票权比例，单一股东通过构建复杂控股结构，拥有51%的控股权就能实现对公司的绝对控制。控制人能在股东大会集体决策层面以少数服从多数的原则实现自身意图。

2.2.2 管理视角的公司控制权理论

与从股权视角分析公司控制权的股权控制理论不同，管理视角的公司控制权理论强调应该从公司的日常管理机制上界定控制权。公司时刻处在不确定的市场环境中，处理内部和外部的不确定性是公司管理的重要内容。根据效率原则公司的控制权应该赋予能有效处理不确定性的人员，公司的高层管理者据其所处的职位角色和能力来获得掌控公司日常运作的权力。处在市场环境变化越快和创新越密集的领域的公司，高层管理者就越能掌握更多的公司控制权。

芬克尔斯坦（Finkelstein，1992）认为高层管理人员控制权的关键是其处理内部和外部不确定性的能力，内部不确定性主要来自其他高层管理人员和董事会，外部不确定性主要来自企业任务和制度环境，高级管理层的权力可分为四个维度，也称为四种权力：结构性权力、所有制权力或所有权权力、专家权力和声望权力。其中，结构性权力的大小与组织中的层级成正比，高级职位具有更高的权威，下级更倾向于服从高级职位者的权力。高层管理者能通过对其下属的控制来降低内部的不确定性，但结构性权力也会使高管人员能追求自身利益。高层管理者的专家权力是基于自身拥有的丰富的管理经验，这些宝贵的管理经验有助于处理不确定性。高层管理者在社会上拥有的名望可以为公司带来大量的资源，并降低组织面临的外部不确定性，这是高层管理者的声望权力的来源。高级管理层权力源自其处理内部和外部不确定性的能力。

赵昌文（2004）指出所有权是控制权的基础，但并不是获取控制权的唯一途径。梯若尔（Tirole，2001）认为控制权是决定公司政策的广泛权力，是建立在规范管理行为上的主导权。由此可知，高层管理者由于身居要职并掌握了更全面的信息，拥有一定的管理经验和声望，在处理不确定性上拥有更多优势，从而获得公司控制权。

2.2.3 终极控制结构理论

越来越多的研究者开始注意到，公司的控制权是一个很复杂的范畴，单独从股权层面或经营管理层面来理解公司控制权都是片面的、不完整的。终极控制结构理论因此被提出，终极控制结构理论认为终极控制人对公司的控制权安排是一个复杂多维的权力结构，至少应该从股权控制、管理控制和控制结构规模等层面去分析。

公司控制权指对公司资源的决定性支配权，反映控制人贯彻自身决策的能力。公司控制权的归属决定了谁有权力就公司资源配置和用途作出终极安排。终极控制结构的特征不仅体现为终极控制人在股东大会层面依民主原则就重大事务进行的决定性投票权，还体现在对董监高选任及日常经营决策的管理控制，甚至还体现在终极控制人有权配置的公司资源的规模上。

终极控制人拥有的现金流权比例和投票权比例反映了其在公司股权结构中的地位和权力。终极控制人对公司的控制的基础在于其拥有的投票权，投票权比例越高，控制权就越稳固。这是终极控制人对公司的股权控制，反映终极控制人控制权的源头。很多探讨公司控制权的文献都会涉及公司所有权、现金流权比例、投票权比例、剩余控制权等问题，但仅仅从股权方面去认识终极控制结构是不全面的。

董事会、监事会和高级管理人员是公司的经营核心，也是公司经营决策的中枢。终极控制人对董监高职位的选任能在一定程度上反映其对公司事务控制的程度。终极控制人可能选择不介入公司的日常经营管理，也可能选择深度介入公司的日常经营管理，这取决于终极控制人个人特征、个人偏好等多种因素。终极控制人是否亲自出任董监高职位能大致反映终极控制人对公司管理权控制的程度。

反映公司规模的两个主要指标有总资产和净资产，总资产和净资产都是终极控制人能控制和配置的公司资源，反映了终极控制人的控制权的规模大小，是终极控制结构在资产规模方面的特征。若以公司总资产来衡量终极控制结构的规模，终极控制人能控制和配置的资源不仅包括股东权益所代表的资产即净资产，还包括因债务关系而纳入公司控制的债务资产。债务是资本使用权的让渡，其还本付息的要求决定了债务人在获得资本有偿使用权的同时，也承担了公司面临的债务风险。给定公司净资产的条件下，公司负债越多，公司能支配的资源就越多，终极控制人能控制的资源规模越大，同时发生债务违约进而失去公司终极控制权的风险也就越大。

从股权控制、管理权控制和终极控制结构规模等多维度来探究终极控制人对公司的控制，比从股权控制这单一视角的分析更能清楚反映终极控制人对公司控制的全貌。

2.3 公司股权控制理论

"股票"中的"股"代表股东的现金流权，即收益权；"票"代表参与者的投票权。在同股同权的规则下，实行一股一票。在双重股权规则下，B 类股和 A 类股具有相同的收益权，但是 B 类股比 A 类股具有更多的投票权。在金字塔股权结构下或签署一致行动人协议时，存在投票权从一部分股东向另一部分股东的转移，造成股票持有人的现金流权比例和投票权比例的偏离。

2.3.1 BM 理论

在 1932 年，通过分析美国 200 多家大公司的股权结构，伯利和米恩斯发现大多数的高层管理者没有持有本公司的股权，第一次指出现代公司制企业中普遍存在着所有权与经营权的分离现象，即"两权分离"问题。伯利和米恩斯的研究开创了股权结构研究的先河。随着现代化大规模生产的发展，专业化分工越加精细，具有企业家才能而无资本的人和拥有资本但缺乏企业家才能的人开展合作是必然趋势；同时，随着公司生产规模越来越大，原始股东资产已经无法满足企业扩张对资金的需求，对外进行融资是必然选择，这便让公司股权由大量中小投资者分散持有。股权的分散使作为出资人的股东与作为公司实际管理者的经理人之间产生了委托代理关系，如何才能协调好作为出资者的股东和作为管理者的经理人之间的利益关系和激励机制，已经成为现代公司治理面临的核心问题。

2.3.2 JM 理论

简森和梅克林两人于 1976 年首次运用产权理论与委托代理理论对股权结构展开深入研究，在此基础上提出股权结构理论。他们将股东划分成内部和外部两类。其中，内部股东包括董事会人员和持有公司股份的高层管理者；那些对公司没有控制权的股东便是外部股东。他们的研究表明：公司的价值和高管人员的持股比例两者间有正向相关关系。简森和梅克林将负债划入股权结构的范畴，内部股权、外部股权以及负债三者之间的关系构成了完整的公司股权结构。当公司的出资人亲自管理公司时，公司运营所产生的一切收益与成本都由所有者承担，此时不存在代理问题和代理成本。随着外部股权的引入，代理问题便产生了，会产生越来越高的代理成本，代理成本由企业的所有者承担，这势必会减少企业的价值；债务融资所具有的激励兼容特性能让企业在某种程度上缓解股东与职业经理人之间的利益冲突，但是债务融资也一样存在代理问题，即职业经理人代理债权人去管理和经营财产。股权结构内部不同股东之间所持股份的比例反映了控制权在股东之间的分配状况，在一股一票的原则下，持股比例高的股东拥有更多的公司控制权。

2.3.3 复杂股权控制理论

美国已经形成了较为完善的法律制度，并建立了完善的并购和接管市场，这在一定程度上能够有效地实现对公司中小投资者权益的保护，因此在美国的上市公司中普遍存在分散的股权结构。股权高度分散是美国公司的特征，这样就导致了管理者在实质上控制公司的经营决策，形成了"内部人控制"现象。简森和梅克林（1976）的研究成果是从美国上市公司中发现的，但在其他多数国家，自20世纪80年代以来越来越多企业的股权结构出现了集中分布于少数股东的趋势，这种趋势也逐渐出现在美国。Holderness（2007）发现美国的上市公司亦有大股东，第一大股东持股平均达39%。在美国市值前五百家大上市公司中，前五大股东的持股之和最大值是87.1%，其均值为24.81%（Morck et al.，1988）。

拉波塔在1998年开创了终极控制股权研究的先河，并在当年首次提出了终极控制这一新概念。其成果有两方面：一方面，共对全球二十七国约64%的上市公司展开研究，得出这些公司普遍有终极控制股东；另一方面，发现股权集中会使得控股股东与中小股东之间的利益冲突这一代理问题更加突出。学者们将控股股东与中小股东之间的代理关系称为第二类代理，以区别于分散股权结构下所有者和经营者之间的第一类代理。

在通常情况下，控股股东通过股权杠杆实现对一家公司的控制，构建金字塔股权结构、交叉持股以及双重股权结构等繁杂的控制链条，这样控股股东就并不需要持股比例超过半数，便能以较小的现金流权取得公司的控制权。CDL（2000）对东亚 9 个国家的 2980 家上市公司的研究得出，采用双重股权结构的公司占比为 19.76%，采用交叉持股方式的公司比例为 10.1%，由单一股东进行控制的上市公司占样本数的 67.8%；在西欧 3300 家公司的样本中，18.63% 的公司采用双重股权结构，19.13% 的公司采用金字塔股权结构，只有不到 1% 比例的上市公司采用交叉持股方式，但是由单一大股东控制的公司比例竟然达 53.99%，68.45% 的上市公司其管理层来自于控股家族（Faccio and Lang，2002）。

金字塔股权结构、交叉持股、双重股权结构、单一股东控制以及将家族成员安插到董事会或管理层中等方式是终极股东加强其公司控制权的主要方式。不论控制股东以何种方式进行控制，其目的只有一个，则是以尽量小的现金流权来控制上市公司。终极控制股东常常向中小股东及债权人隐瞒企业真实的业绩，通过关联交易等行为获取控制权私利，这种行为被称为"隧道挖掘"，该种损害中小股东利益的行为在法制不彰的国家更加突出。随着时间的发展，股权控制结构呈现出复杂多样的结构特征。

2.3.4　最优股权控制理论

是否存在最优的股权结构？如何调整公司的股权结构达到最优从而使公司绩效达到最好？这些问题一直是企业管理实务界和学术界关注的焦点。理论界对于公司股权结构与公司绩效、公司价值等之间的影响关系并没有达成一致的看法：有一些研究认为，在成熟的资本市场里上市公司的股权结构与公司绩效之间没有显著关系；但帕加诺和雷尔（Pagano and Rell，1998）的研究得出了相反的结论，认为存在最优股权结构，若公司股权达到最优结构，监督与制衡力度刚刚合适，公司的价值能达到最大化。

苏克（Suk，1998）的研究发现，股东间的持股比例差异也能影响公司市值：当内部股东持股比例高时，公司价值也会更高；在保持其他条件不变时，存在大股东的公司其业绩会显著更好。

理论界剖析了股权分散和股权制衡两个因素对公司市值的影响关系，研究发现股权分散的公司的价值显著更低，而股权相对集中有利于大股东监督公司运作，有利于公司内部监督制衡机制的运转，大股东之间也能彼此监督制衡，例如当有经营能力的第二大股东掌握公司控制权时，第一大股东与第二大股东之间会展开对公司控制权的争夺，大股东之间的竞争有利于防止大股东联合侵害中小股东利益，大股东之间的制衡能提高公司价值；然而，也有学者认为股东间的相互冲突是存在股权制衡的公司所面临的重要问题，大股东之间的竞争冲突会降低公司价值。

2.4　管理控制理论

2.4.1　管理层权力理论

别布丘克（Bebchuk）等认为最优薪酬契约理论具有不足之处，特别是该理论包含的一些假设前提跟现实相互抵触。第一个原因是管理层与董事会之间的谈判常常缺少有效性，董事在谈判过程中容易注重私利并掺杂一定的个人考量，使谈判达不到理想的效果，小股东的利益受到侵害。第二个原因是信息不对称，董事会成员对管理层的工作能力和工作业绩等缺乏全面的了解，也不能准确及时掌握高层管理者的工作进展。第三个原因是监督的成本以及各种监督障碍使得对高管监督常常缺乏有效性。基于以上理由，别布丘克等定义了"管理层权力理论"。在公司股权治理力不从心时，公司的实际管理层便获得了超出其特定控制权的控制能力。管理层权力表现为管理者将自身决策意图贯彻于公司管理实践的能力。

2.4.2 职位权力理论

职位权力是指管理者因职务而拥有的正式职权，包括管理者从其上级和整个公司所取得的各种授权和支持。职位权力的最重要的特点是：在职就有权，不在职就很快丧失权力。作为一名管理者，要正确运用职位权力，正确利用职位权力才能更好地实现组织目标。

职位权力是由于组织中这个职位的存在而存在的，也就是说，职位权力并不绝对属于具体的个人，它取决于谁被分配到了这个职位上，只要拥有这个职位，就拥有了与之相应的权力。平庸无能的管理者非常仰赖职位权力，出色的管理者会克制并慎重地使用职位权力。

职位权力的产生一般而言来自于两个途径：一个是由选举产生的职位权力，如由全民直接或间接选出的总统、总理等，也包括由选举产生的董事会等；另一个就是由上级组织或个人任命的权力。职位权力不论其来源如何，均须向赋予其权力的组织或个人负责。职位权力跟具体的职位一一对应，是各层组织命令链条得以运转的关键，职位权力是上级命令、指挥和控制下级的方式。

2.4.3 分工、专业化和授权理论

1776 年亚当·斯密于经典著作《国富论》中首次提出了劳动分工的观点。亚当·斯密系统全面地阐述了劳动分工对于提高劳动生产率和增进国民财富的作用。他在书中举了扣针厂生产扣针的例子：一个只雇用十个工人的小型工厂，工人需要担任二、三种操作，尽管他们的必要机械设备很简陋，但他们通过努力能

一日生产扣针十二磅。平均一个人一日可生产扣针四千八百枚。但如果他们是各自独立地工作，需要操作所有工序，那么任何人都难以一日生产出二十枚扣针，很可能一枚扣针也制造不出来。亚当·斯密还论述了分工和专业化的关系：分工促进了专业化，专业化同时也深化了分工，两者相互促进。

用亚当·斯密的分工与专业化理论来解释企业治理，股东将拥有的财产委托给专业管理工程师（即董监高人员）来经营管理，发挥专业管理工程师的技能优势，分工和专业化提升了企业资源配置的效率。这一委托代理关系中存在授权行为：股东将部分经营管理权授给董监高人员，让他们以股东利益最大化为目标，相机抉择抓住市场机会。董监高人员接受股东授权，形成了董监高人员的对企业的管理权控制。

2.4.4　高管团队理论

高层管理团队（TMT）是由在企业中主要承担战略决策职责的高层管理者所组成的团队，是决定企业发展和影响企业绩效的核心群体。在现代公司治理中，高层管理团队通常由董事会成员、总经理以及其他参与企业战略决策的高层管理者组成。

高层管理团队的首要特征是团队。关于团队的定义众说纷纭，其中琼·R. 卡曾巴赫和道格拉斯·K. 史密斯关于团队的定义最具代表性并被广泛采用。他们认为团队是"由少数为达到共同目标、具有互补技能和整套工作指标及方法并共同承担责任的人组成"。高层管理团队成员具有强烈的自我实现需求，自我实现的需求在马斯洛需求层次金字塔中处于顶端位置。另外按心理成熟度理论，高管团队成员的心理成熟度处于高水平。公司对董监高人员的激励必须遵循因人而异的多样化方法才能满足高层管理团队成员个性化、多样性的心理需求。

阿尔钦（Alchain，1972）发现"团队生产"过程中非常难以精确度量团队成员的真实贡献，而偷懒者便善于利用这一漏

洞,基于此他提出团队生产理论。在公司治理中,如果代表股东
利益的终极控制人能担任董事长或总经理以参与公司日常管理,
便能与其他高管人员建立直接的动态的联系和情感契合,实现更
有效的监督和激励。在高管团队建设过程中,用来防止高层管理
团队成员做出机会主义行为的保护性契约是必不可少的,它能使
高管团队中每个成员都具有明白的行为预期,投机行为便能在一
定程度上减少。在对高管团队成员进行团队授权时要建立高管团
队行为准则,确保高层管理团队成员拥有的权利与承担的责任相
一致。

高管团队绩效考核体系在公司高层管理团队建设中起关键作
用,要确保每个团队成员将组织目标分解到自身。建设高效稳定
的高管团队需要激励高管团队成员进行团队协作,这样做的目标
是要在高管团队成员间建立互信。改善高管团队成员沟通渠道和
沟通方式,制定成员互动的方法和步骤,建立正式的高管团队成
员"交流互动平台"等措施都有利于建立高效稳定的高管团队。

2.5 资本结构基础理论

公司兼并和接管的案例越来越多,学者们开始研究资本结构
与公司控制权两者间的联系,相关的研究成果汇聚成了资本结构
控制权理论,主张这一系列观点的学者构成了资本结构控制学
派。事实上资本结构控制权理论和控制权市场理论研究的问题是
一样的,但是两者研究的焦点所有不同。资本结构控制权理论的
研究焦点是资本结构对公司控制权分配的影响关系,主张在并购
活动中依据管理层对控制权的不同偏好来匹配不同的资本结构。
控制权市场理论侧重研究资本结构的外部治理作用,认为并购和
代理权竞争是重组公司资本以约束管理层的有效手段。

2.5.1 哈里斯和拉维模型

哈里斯和拉维（Harris and Raviv，1988）开创性地利用股票具有表决权而债券没有表决权的特点来建立研究模型。哈里斯等人假定职业经理人不仅可以从其所持股份中获取收益，还可以从实际控制权中得到私人收益，即控制权私利。通过对比持有公司股份的成本和收益，职业经理人可以选择最有利的持股比例。职业经理人调整自己所拥有的股票份额会影响公司成功被兼并收购的可能性。当公司兼并发生时，存在两个方面的情况，一方面，当一个企业被收购且更换经理人时，原经理人就会失去控制权私利，这对原经理人是一种损失；另一方面，如果新选任的经理人能力强于原来的经理人，公司绩效会改善，原经理人作为股东也可以从中得到更多股利，这对原经理人是一种收益。

假设一家公司的股票原始份额 α_0 被一个在位经理人 I 所拥有，外部投资者持有剩余的其他股票。只要能保有公司的控制权，这名在位经理人能得到预期价值为 B 的控制权私利。公司不仅有在位经理人与外部投资者，公司控制权竞争者亦想获得公司的控制权。因为公司控制权竞争者知道，一旦成功获得公司控制权，控制权私有收益就归自己。经营者的经营能力决定了公司能产生的现金流量价值，若有两种治理能力水平分别为 1 和 2，就分别产生相应的现金流量价值，分别是 Y_1 和 Y_2，且 $Y_1 > Y_2$。可以肯定的是人与人之间的经营能力是有差异的，但无法观察到在位经理人与潜在的竞争者两者的管理公司的能力差异。假设在位者的能力为 1 的概率为 p，竞争者能力为 1 的概率就为 $1-p$；假设竞争者能力为 2 的概率为 p，在位经理的能力为 2 的概率为 $1-p$。如果公司控制权在在位经理人手中，公司现金流价值为 Y_I，那么 $Y_I = pY_1 + (1-p)Y_2$；而一旦公司控制权从在位经理人手中转移到竞争者手中，则现金流量价值则为 Y_R，那么 $Y_R = (1-p)Y_1 + pY_2$。

公司经理人可以通过改变企业的资本结构来调整自身的股权比例。经理人可以通过增加公司的负债，用举债获得的资金回购其他外部投资者所持有的股票，由此可以增加自己的持股比例，降低被收购的风险。当出现竞争者时，在位经理人会以预期收益最大化的目标，通过资本结构的调整，来改变自己的持股占比，进而阻击竞争者的收购行为。当然最终可能会出现三种可能：第一种可能是，在位经理人持有的股份足够多，即便在位经理人的能力比竞争者低，也能控制住公司不被收购，未能实现收购，这时公司的现金流量价值为 Y_I，在位经理人可以获得 $\alpha_0 Y_I$ 的收益，还有控制权收益；第二种可能是，在位经理人拥有较少的股份，从而无法否决收购动议，收购成为定局，公司控制权转到了能力比他差的竞争者手中，这时公司的现金流量价值为 Y_R，在位经理人仅能获得分红收益 $\alpha_0 Y_R$，不能获得控制权收益；第三种可能是，没有哪一方拥有绝对多的投票权，在面临这种情况时，能力较高的一方获得其他股东的支持，从而获得公司的控制权，这时公司现金流量价值为 Y_I，在位经理人的收益为 $\alpha_0 Y_I + pB$。

2.5.2 斯图茨模型

斯图茨（Stulz，1988）模型与哈里斯和拉维模型很相似，斯图茨模型重点研究了股东通过改变在位经理人的持股份额来改变公司被收购的概率。与哈里斯和拉维模型不同，斯图茨模型不是通过经理人的期望效用最大化来决定最优资本结构，而是通过外部投资者的期望收益最大化来决定最优资本结构。

公司的外部投资者、在位经理人以及潜在的收购者作为公司的利益相关者之间存在着利益的博弈，都是自身利益最大化的行为主体。要想获得控制权，竞争者必须购买50%以上的股份。在位者拥有比例为 α 的公司股份，还能获得公司控制权私利。该模型假定外部投资者在任何控制权竞争中都会投票支持在位者。如果潜在竞争者获得了公司控制权，竞争者可以获得的控制权私利为 B。假设潜在竞争者愿意支付的全部报酬为 P，外部投资者出让股份的百分比是 S（P），P 越大，S（P）就越大。竞争者若要收购 50% 股份，其最低价格 $P^*(\alpha)$ 必须符合：

$$S(P^*(\alpha))(1-\alpha) = 1/2$$

投资者获得报酬 P^* 的可能性为 $Pr(B \geqslant P^*(\alpha)) = \pi[P^*(\alpha)]$，其收益的期望值是：$Y(\alpha) = P^*(\alpha)\pi[P^*(\alpha)]$。这是因为只有当收购后竞争者能获得的私人收益 B 大于 P^*，竞争者才能出价 P^*。

2.5.3 阿洪和博尔顿模型

阿洪和博尔顿（Aghion and Bolton，1992）通过研究公司资本结构和公司控制权之间的关系，提出了阿洪和博尔顿模型，该模型认为在契约不完全及信息不对称的条件下，不同证券持有者对公司的控制权取决于公司资本结构，选择一种资本结构实际上就决定了一套控制权分配的规则。

阿洪和博尔顿模型有以下前提假设。

第一个假设：可以把经济体系中的人分为两类。其中一类人是无资本但懂得管理的职业化的经理人 E；另一类人是有资本但不参与公司管理的投资者，也就是公司外部投资人 I，股东和债权人就属于这类人。职业经理人和外部投资者对待风险的态度都是中性的。

第二个假设：整个投资项目分两个阶段。在起始阶段（即 t＝0）时，职业经理人进行一项投资决策；在第一期末，即 t＝1 时，达到状态 θ，公司给外部投资者传递出一个信号 s，比如派发红利；在第 2 期开始时职业经理人做出行动 α，在第二期末，即 t＝2 时，企业收益 r 得以实现。

第三个假设：状态只可能有两种——代表好的状态 g 和代表坏的状态 b。状态是 g 时经理人的最优行动为 α_g，状态是 b 时经理人的最优行动是 α_b。信号也只有两种，s＝1 表示好的信号和

$s = 0$ 表示坏的信号。β^g 表示当状态是 g 时出现好信号 $s = 1$ 的概率，并且 β^g 大于 0.5，β^b 表示当状态是 b 时出现好信号 $s = 1$ 的概率，并且 β^b 小于 0.5。

经理人不仅关注项目的投资回报率，还关心自己的私人利益 $l(\alpha, \theta)$。但外部投资者仅仅关心投资项目的盈利情况。显然职业经理人和外部投资者具有的目标是有差异的，因此两者之间存在冲突。将投资项目的期望收益表示为 γ_j^i。

$$\gamma_j^i = E(r \mid i, \alpha_j)，其中 i = g，j = b。$$

该式是当状态是 i 并且经理人的行动是 α_j 的时候的投资项目收益的均值。

第四个假设：投资项目收益和经理人的报酬是线性关系，即 $\eta\gamma_j^i$，其中，常数 η 代表经理人得到项目收益的比例，职业经理人的收益函数为 $\eta\gamma_j^i + l_j^i$，外部投资者的收益函数为 $(1 - \eta)\gamma_j^i$。

在阿洪和博尔顿模型中，职业经理人的最优选择是使自己和外部投资者的总效用最大化。公司控制权的配置会出现以下三种可能的情况。

第一种情况：职业经理人拥有控制权的情形。如果 $l_g^g > l_b^g$，$l_b^b > l_g^b$，其中下标表示经理人行为，上标表示状态，这时企业的控制权掌握在经理人手中是最优的。当 $l_g^g > l_b^g$，$l_b^b > l_g^b$ 时，经理人的私人收益与公司整体利益是一致的，职业经理人使个人效用最大化的行为选择能使公司整体收益最大化，公司控制权由职业经理人来掌握是符合效率原则的。

第二种情况：当满足 $\gamma_g^g > \gamma_b^g$，$\gamma_b^b > \gamma_g^b$ 时，让外部投资者掌握控制权是公司最优的选择。原因在于：当外部投资者的利益和公司整体利益相互一致时，最好的控制权安排是外部投资者控制公司。

第三种情况是状态依存的控制权配置情形。如果职业经理人的私人收益和外部投资者的利益都与公司整体利益不一致，当

（β^g，β^b）趋近于（1，0）时，控制权相机转移的安排就是最优的控制权安排，即如果 β^g 趋近于 1 且 β^b 趋近于 0，则当 s＝1 时应由职业经理人掌握公司控制权，当 s＝0 时公司控制权由外部投资者掌握。这意味着：当职业经理人的私人收益和外部投资者的利益都与公司整体利益相冲突时，公司控制权无论配置任何一方都是低效的，这时根据信号相机转移控制权才是可取的做法。

阿洪和博尔顿模型给理论界极大的启示，其政策涵义可以概述为：当职业经理人掌握公司控制权对公司最有利时，公司应当通过发行优先股来融资；当外部投资者掌握公司控制权对公司最有利时，公司宜采用普通股来融资；当公司控制权采用相机转移控制权最优时，那么公司最好有债务融资。

2.5.4 哈特模型

阿洪和博尔顿未研究债务的最佳规模，这是阿洪和博尔顿模型的不足之处。哈特（1995）弥补了阿洪和博尔顿模型中的不足之处，并在此基础上做了进一步发展，提出了哈特模型。哈特模型得出了不同情况下公司最优债务规模。哈特模型的基本假设如下：

设计合适的资本结构的目的在于实现公司收益和公司价值的最大化。假设将公司存续期分三期，在第一期，公司采用特定的资本结构；在第二期公司资产的回报达 γ_2，如果此时公司被清算，可以得到 L；在第三期公司的资产的回报是 γ_3。在第二期后经理人和市场上的信息集相同。公司在第二期需要偿还短期债务为 P_2，公司在第三期需要偿还的长期债务是 P_3。

假设仅两种状态 A 和 B，γ_2、γ_3、L 的取值分别是（γ_2^A、γ_3^A、L^A）、（γ_2^B、γ_3^B、L^B）。

哈特模型认为，在契约不完全的条件下，"公司是应该继续经营，还是被清算"这一分歧是内部经理人与外部投资者之间的利益冲突的核心。为了维护自己的控制权收益，经理人会在公司需要清算的时候阻止清算并维持公司的经营；追求私利的外部投资者也有可能在公司还应该继续维持经营的时候强行清算公司。哈特模型认为，与股权融资相比，债务融资能更好地避免内部经理人和外部投资者之间的利益冲突。

在两种状态下，如果企业在第三期的收入与第二期的清算价值相比，结果是一致的，即 $\gamma_3^A \geq L^A$，$\gamma_3^B \geq L^B$ 或者 $\gamma_3^A \leq L^A$，$\gamma_3^B \leq L^B$，要实现公司价值的最大化，那么最佳的资本结构是：短期债务量为零或维持非常高的负债规模。比如，当 $\gamma_3^A \geq L^A$，$\gamma_3^B \geq L^B$ 时，短期债务量为零，如此可以保证公司不会被破产清算，此时继续运营有利于公司价值最大化；当 $\gamma_3^A \leq L^A$，$\gamma_3^B \leq L^B$ 时，清算比继续营业更划算，应该保持非常高的负债规模，才能让企业顺利破产。

在两种状态下，若第三期的收入与第二期的清算价值不一致，这种情形更加复杂，存在以下三种情况。

（1）若 $\gamma_2^A + \gamma_3^A > \gamma_2^B + \gamma_3^B$，则最优的资本结构是将短期债务的规模定为 $\gamma_2^A + \gamma_3^A$，长期债务定为零。因为这样可以保证：如果状态 A 发生，公司可以继续经营下去。如果状态 B 发生，公司能在第二期顺利被清算。

（2）若 $\gamma_2^A + \gamma_3^A \leq \gamma_2^B + \gamma_3^B$ 且 $\gamma_2^A > \gamma_2^B$，那么最优的资本结构是将短期债务规模定为 γ_2^A，而长期债务的规模定得很大。

（3）若 $\gamma_2^A + \gamma_3^A \leq \gamma_2^B + \gamma_3^B$ 且 $\gamma_2^A \leq \gamma_2^B$，则短期债务规模和长期债务规模无论如何设定，都无法确保公司在状态 A 下继续运营，在状态 B 下被顺利清算。这时不存在最优的资本结构，因为没有一种资本结构可以明确地分离出两种不同的状态。

2.5.5 伊斯雷尔模型

伊斯雷尔（Israel，1991）研究了资本结构与控制权市场间的互动关系，提出了伊斯雷尔模型。伊斯雷尔通过收购可能性的减少与收购溢价的增加两者之间的权衡来得出最优的资本结构。伊斯雷尔模型假定公司内部经理人不持有公司股权，伊斯雷尔模型也不考虑负债是如何被利用以从对手那里获得控制权利益。

与斯图茨模型类似，伊斯雷尔模型从公司现金流在股权和债权之间的划分进行研究，如果将来发生收购，当前增加负债将增加目标公司股东的收益，负债增加也会降低公司被收购的概率。至于负债增加为什么能使目标公司股东收益增加，伊斯雷尔模型给出了不同于斯图茨模型的解释。伊斯雷尔模型对负债水平提高能增加被收购公司股东收益的作用机理是这样解释的，债务契约使债权人享有固定收益，即公司的收购溢价收益会在债权人、被收购公司股东和收购者之间分配。随着负债的增加，公司收购溢价分配给债权人的部分也会越多，那么被收购公司的股东和收购者能得到的部分就会越少。斯图茨认为，被收购公司的股东能够获得债权人的那部分公司收购溢价。所以被收购的目标公司负债水平越高，被收购公司的股东所获得的公司价值溢价也越多。一旦收购达成，负债水平越高的公司，收购者所获得的收益就越少，而这时被收购公司股东的收益则越高。所以公司最优负债水平是由这一溢价分配效果与收购动机之间的比较得出的。

在预期到未来可能发生公司控制权争夺的情况下，最优资本与所有权结构应该是如何呢？伊斯雷尔在1992年对此展开了分析。他还探究了现任经理人从对手那里获取最大收益的过程中，财务杠杆在其中起的作用。伊斯雷尔认为可以通过选择一个确定的负债水平来得出现任经理人的最优股份。如果公司控制权的预期收益随负债降低而减少，那么最低的负债水平最优。假设最大化自身的预期收益是现任职业经理人的主要目的，也就是实现所持股票价值加上控制权私人利益总和的最大化。如果公司被收购是最优选择，公司的最佳资本结构应是零负债。争夺公司控制权的竞争要求公司负债不为零，杠杆收购甚至会要求公司具有更多负债。收购目标公司将增加其负债的平均水平，而且失败的杠杆收购目标公司，常比成功的杠杆收购目标公司发行更多的债券，债券发行的增加一般会使股票价格上涨。

外部股东影响公司收购的能力一般会随着现任经营管理者持股比例的变化而变化。收购一旦发生，被收购目标公司的负债的增加会增加目标公司股东的收益，但是目标公司高负债水平也会降低收购成功的可能性。被收购的目标公司的负债越多，目标公司股东与收购方股东能分配的溢价收益越少。最优负债水平是通过权衡最大化目标股东的收益与减少收购发生概率来得到的。伊斯雷尔给出的结论是：（1）更有效的经理人经营的公司负债更少；（2）公司控制权争夺越激烈，公司经理人越倾向增加负债而不是增发股票，这样可以保持自身较高的持股比例并能抗拒敌意收购行为。

第3章

文 献 综 述

3.1 控制结构的相关文献综述

3.1.1 股权控制结构的相关文献综述

1. 股权控制结构中的两权分离现象的相关文献综述

现代经济学鼻祖亚当·斯密曾对所有权与控制权的分离进行分析，他认为当公司的所有权与经营权分离时，公司经营者往往会将个人利益置于公司利益之上，所以公司无法达到高效率，不利于公司的经营发展。托斯丹·凡勃伦（Veblen）在1924年出版了《企业理论》一书，首次提出缺位者所有权的概念，拓展了公司所有权与公司经营控制权相分离的问题的研究。第一，他认为可以将公司资本视为社会资本的一种形式，由此公司所有权则为缺位者所有权。第二，公司经营管理控制权与公司缺位所有权相分离。缺位所有者远离具体的公司管理过程，也不拥有公司的经营管理控制权，仅参与公司红利的分配。第三，在公司的所有无形资产中，管理者的能力是最为重要的无形资产。第四，公司的实际控制者由公司资本所有者变为职业经理人。职业经理人专业化于通过提高技术效率来增加产出，而资本所有者仅仅关心投资回报。尽管职业经理人和资本所有者关注的焦点不同，但设计良好的控制权结构可以协调两者的冲突。

经济学家伯利和米恩斯（1932）在其所著的《现代公司和私有财产》中首次提出所有权与控制权分离的概念，并指出所有权和控制权的分离是现代公司必然选择。在对所有权和控制权的分离现象进行深入剖析后，他们将公司的控制类型分为五类：（1）持有公司的绝大部分股份达到控制；（2）多数控制；（3）借助法规控制；（4）一个人或一个机构持有足够的公司股份对公司进行控制，即少数控制；（5）管理人员控制。在实证研究控制类型对所有权和控制权的分离的影响后指出，所有权和控制权的分离程度依次更加明显。随着公司管理人员对公司控制权的增大，管理人员侵占公司股东利益的程度会增加，这种管理人员侵占股东利益的行为是普遍存在的。企业资本的所有者给董事会授予一部分控制权，依次地，董事会将部分控制权授予公司的经理人员，同时保持另一部分控制权。这一层层授权的过程使得公司的所有权与控制权发生了分离。

所有权与控制权分离是现代企业的必然选择。首先，所有权与控制权分离是规模化生产的要求。随着产业的升级，越来越多的行业存在规模效益，追求规模效益的企业增加了对资本的需求。众多的股东如都直接参与公司的日常管理，势必导致公司管理的散乱和低效。其次，在公司规模扩大的过程中，生产技术越加复杂，经营管理也更加专业化，所有这些变化趋势都要求富有管理经验的职业经理人担负起控制公司管理的角色。股东数量的增加使得企业的决策成本也相对增加，要让所有分散的股东在了解企业内外部经营环境并在沟通交流的基础上做出一致的经营决策，其决策的过程势必费时费力，甚至会错过商业机会。

2. 终极控股权的相关文献综述

LLS（1999）在 *Journal of Finance* 发表了题为"Corporate ownership around the world"的文章，开启了公司治理领域关于所有权与控制权问题研究的另一个全新时代。LLS 的研究理念完全突破传统范式，质疑了传统公司治理研究中的分析框架，开创性地提出了终极控制权的概念。LLS 深入地研究了全世界经济最强的 27 个国家的大中型上市公司的所有权结构，并追溯这些公司的控制链条。LLS 以投票权比例 20% 作为判断最终控制权的标准，发现美国、英国和日本的上市公司才算是股权结构比较分散的公司，而其他 24 个国家的上市公司都具有高度集中的所有权结构。LLS 发现上市公司控制链条末端的终极控股股东可分为五类：家族、政府、金融机构、投资团体和其他，在那些市场化程度比较完善的国家，金融机构和投资团体常常掌握终极控制权。而在那些市场化程度比较落后的国家，终极控制权往往由家族掌握，并且往往采用金字塔结构、交叉持股等复杂控制权结构，借此家族能很好地隐蔽所持的终极控制权。以家族为终极控制人的上市公司远比股权分散型上市公司要多，股权分散的上市公司常常只存在于投资者保护机制更为完善的几个成熟市场中。

在控制链条顶端的终极控制人往往通过建立金字塔股权结构取得公司的控制权，所以终极控制人的投票权就会大于其现金流权，也就是会发生投票权与现金流权偏离的现象。随着控制链的层级与复杂程度加大，两权偏离程度会增加，终极控制人越能利用自身控制权去获得控制权私有收益从而对中小股东的利益造成侵害。所以在有终极控制人的上市公司中，中小股东与终极控股股东间的第二类委托代理问题已经取代传统的管理层与股东间的第一类委托代理问题，成为公司治理中的核心问题。

3.1.2 管理权控制的相关文献综述

公司通过融资契约、租赁契约和雇佣契约等获得资金、设备、土地和人力等资源的剩余控制权。公司管理是指公司中的管理者履行计划、组织、领导、协调、控制等职能以协调多人的活动，以实现对公司资源的剩余控制权的配置，来达成公司经营目标的活动过程。管理控制是指在实际工作中，管理者为达到某一预期的目的，对公司的各种资源进行正确而有效的组织、计划、协调，并建立起一系列的工作秩序和管理规章制度的活动。控制是管理职能的组成部分，表现为一个连续的过程。在这个过程中，管理人员应采取各种有效措施，以提高经济效益，实现经济发展目标。管理控制系统是由人力控制、物力控制、财力控制等子系统组成的相互协调的大系统。

管理权力理论是基于职位权力的理论基础，并聚焦于经理人的管理权及其构成方面的研究。权力常常被理解为一个人影响他人行为的能力。管理权力理论考察经理人权力的来源和构成等，多维度阐述经理人的权力实施如何影响企业绩效。普费弗（Pfeffer，1992）认为权力的大小无法明确地加以测度，因为权力可能源于多种渠道。芬克尔斯坦（Finkelstien，1992）认为处理公司面临的各种不确定性是经理人的主要任务，能否妥善处理来自于企业内外部环境所带来的不确定性是衡量经理人是否称职的标准。其他高管以及董事会成员是内部环境不确定性主要来源，而公司的任务目标以及外部制度环境是外部环境不确定性的来源。一般通过四个维度来描述总经理权力：组织权力、所有权权力、专家权力和声望权力。组织权力由组织架构以及层级权威所决定。总经理职位处于公司内部组织结构以及权力金字塔的最顶端，总经理对公司所拥有的物质资源以及人力资源有权进行有效配置。因此，公司权力金字塔中的总经理具有最高的权力，团队中的其他高管也需要服从总经理的安排，总经理通过权力链条来控制公司的下属并调拨公司所有可利用的物质资源和人力资源，以应对公司内外部环境带来的不确定性。公司赋予总经理的组织权力越大，总经理对下属行为的影响力就越大。

所有权源于经理人持有公司的股份。经理购买公司股权后，就不仅是公司的管理者，还是公司的股东，此时总经理就拥有了所有权，总经理拥有的所有权可以帮助他在董事会发挥影响力。艾伦（Allen，1981）认为，当总经理持有大量公司股票时，便更有话事权来参与公司的最高战略决策，甚至还能影响进入董事会的人选。作为公司股东的总经理，不仅拥有法律赋予股东的所有者权力，还拥有由总经理职位带来的法定职位权力，可以说股东身份加持了经理人在公司的影响力。

汉布里克（Hambrick，1981）将经理人在面对复杂的内外部环境中有效管理公司的能力定义为专家权力。曾经接受的专业教育和训练有助于经理人应对复杂多变的公司内外部环境。从事管理工作的经历能磨砺经理人管理公司的经验。经理人过往的专业教育和管理经验越丰富，其在处理不确定性和协调组织资源方面的专家能力则越强，越能获得同事的敬重，专家权力也越大。

尤西姆（Useem，1979）指出，经理人的声望取决于他被社会公认为管理精英的认可度。经理人的声望可以为其和所属的公司带来有效的信息资源，可以帮助经理人获得内部股东的信任与支援，以及获得公司外部各方的支持。由经理人声望带来的信息、内部信任和外部支持有助于应对内外部环境的各种不确定性，有助于公司达成既定的组织目标。有声望的经理人拥有声望权力。

韩立岩、李慧（2009）实证研究发生财务危机的中国上市公司的总经理权力强度发现：处于财务危机中的公司，其面临的危机越严重，该公司的总经理权力越小；而在正常经营的公司中，经营绩效越好的公司，其总经理权力越大。

总经理权力强度的大小决定了其个人意图对公司整个管理团队行为的影响程度，并影响着公司经营管理的绩效。总经理可以从组织内部和外部等多种管道提升权力强度，总经理对于公司的管理控制越强，其在公司经营计划与战略决策过程中的影响力就越大，总经理个人意志在公司决策中作用会越强，更能影响公司经营绩效。

3.1.3 控制权与债务的相关文献综述

对于契约中有明确规定的权利义务关系，只需要按部就班地遵行即可，控制人对明确的权利义务关系进行控制的必要性和重要性不高，而控制人对契约中未被明确规定的关于各种资源的用途（即剩余权力）进行控制显得尤为重要。相比于普通股，债务不具有投票权。终极控制人可以让公司通过债务融资来买入外部股东的股票从而提升自身的持股比例，实现强化控制权的目的。持股比例较低的终极控制人倾向于增加债务融资以减少被收购从而失去控制权的风险。

HR 模型（Harris and Raviv，1988）和 AB 模型（Aghion and Bolton，1992）都深入地研究了公司的控制权分配与公司债务间的关系。HR 模型认为，终极控制人增大债务杠杆可以强化股权控制，由此可以改变被成功收购的概率，进而促成或阻止被收购行为的发生。HR 模型主要讨论所有权人和经理人员间的代理问题，首先假设经理人员能从所持股份获得红利，又可以从所掌握的投票权中获益。作为经济人的经理人员并不以股东收益最大化作为决策的出发点，股东和经理人员之间存在代理成本，对经理人员实施更合适的监管和制约才能尽最大程度降低代理成本。债务融资要求经理人员提供有关公司经营管理状况的信息，债权人只有在获取真实可靠信息的前提下才能做出合理的投资决策。AB 模型研究了公司融资合同中关于公司控制权归属和转移的问题。研究结论表明，普通股东、优先股东以及债权人三者之间的利益博弈的结果决定了公司的控制权归属和转移。

3.2 终极控制结构与公司绩效的相关文献综述

3.2.1 股权控制与公司绩效的相关文献综述

菲利博腾和帕杰威奇（1972）认为股权结构作为一种产权所有制结构，界定了各个主体在经济体中的行为权力，在公司组织中具体体现为所有权决定控制权的来源，控制权结构和委托代理链条共同构成了公司内部形形色色的激励机制，公司绩效的高低直接取决于这些激励机制是否有效。彼得·赖特（Peter Wright，1996）深入研究了公司股权结构影响公司绩效的机理，在研究中找到了中介变量（即公司风险承担机制），结论支持了风险承担机制在公司股权结构与公司绩效间起中介作用的假说，公司风险承担机制影响到公司对成长机会的取舍。公司组织内部管理人员的利益分配机制影响个体风险承担意愿，公司引入机构投资者能降低公司内部管理人员承担的风险。查尔斯·卡恩（Charles Kahn，1998）的研究表明，机构投资者往往会成为公司的大股东，它有权力也有动力去获取公司内部信息。机构投资者可以充分利用获得的内部信息以把握合适的股票交易时点，甚至参与公司管理达到提高公司绩效的目的。直接介入公司经营管理以提高所持股份的市价是机构投资者经常采用的方式。也有研究文献表明，公司股权结构能决定公司的投资方向取舍，进而对公司绩效产生影响。

1. 股权集中度与公司绩效的相关文献综述

现有的研究文献中有一部分研究文献认为股权结构的集中度对公司绩效具有正向影响，这一研究结论被称为利益趋同效应；另一部分研究文献得出了截然不同的研究结论，认为股权集中度对公司绩效存在负向影响，这一研究结论被称为利益侵占效应。

利益趋同效应是指公司股权集中有助于提升公司绩效的现象。股权集中的利益趋同效应产生的原因有二：其中一方面的原因是，股权的集中能激励控股股东积极获取公司内部信息并监督公司管理运营，阻止管理层损公肥私（Berle et al，1991）。信息不对称是公司委托代理问题的主要根源，集中的股权结构比分散的股权结构更能够减少小股东"搭便车"行为，这些"搭便车"行为会抑制大股东参与公司治理的积极性。大股东比小股东更有意愿去获得企业内部信息，这有利于降低股东和管理层之间的信息不对称，有利于大股东改善对企业经营者的有效监管，进而提升企业绩效。另一方面的原因是，股权集中使得控股股东的利益在全公司利益中的占比更高，大股东努力提升公司绩效的收益更多地归属自己，大股东的利益与公司的盈利状况更加紧密地结合在一起，因此大股东更愿意积极参与公司的监督与管理，从而促进了公司绩效的提升（Shleifer et al.，1997）。集中股权结构使大股东拥有高投票权，高投票权带来的权威使监督更具效力，对企业经营者更为积极有效的监督可以促使企业取得更好的绩效，在这样的情况下大股东又能获得监督带来的大部分收益，这会进一步激励大股东参与企业管理并推动企业发展，从而形成良性循环。

很多针对中国上市公司的实证研究结论支持了利益趋同效应的假说。陈小悦等（2001）采用实证分析方法研究了 1996 ~ 1999 年间中国上市公司的股权结构对绩效的影响，研究结论支持了上市公司的股权集中程度对公司绩效存在正向影响的假说。汪旭晖等（2009）以中国部分行业上市公司为研究对象，通过构建多种不同指标进行股权集中度分析，发现大股东的存在能有效减轻小股东的"搭便车"行为，从而提升公司绩效，并且当该公司具有成长机会时，这一效应更加显著。杜轩（2012）、王晓巍（2014）等在对中国创业板上市公司的股权结构和公司绩效进行研究时，对股权结构采用了不同的测度方式，但得出的结论都支持股权集中度对公司绩效具有正向影响的假说。希尔等（Hill et al.，1989）在对美国部分上市公司的实证研究中，发现较集中的股权结构有助于降低代理成本，对公司绩效存在正向影响。布鲁顿等（Bruton et al.，2010）采用英国部分上市公司的数据进行的实证研究，也得出了类似的研究结论。

利益侵占效应是指股权的高度集中会导致大股东对小股东实施利益侵占，会降低公司绩效的现象。利益侵占效应的理论基础是控股股东拥有较大的控制权力，当其与小股东之间的利益相冲突时，追求自身利益最大化的控股股东更倾向滥用控制权来牺牲小股东的利益（Grossman et al.，1988；Barclay et al.，1989）。

拉·波塔等（1999）和克莱森斯等（Claessens et al.，1999）的研究发现，许多上市公司的终极控制人倾向通过金字塔股权结构等方式来增强其对公司的控制。金字塔股权结构使终极控制人的投票权比例大于现金流权比例，产生两权偏离的现象，导致了大股东与小股东之间的委托代理问题，即第二类代理问题。当终极控制人更多追求自身利益而非公司利益时，会降低公司绩效。范等（Fan et al.，2002）在研究了东亚地区900余家上市公司的股权结构及其财务绩效后，得出了股权集中度对公司财务绩效存在负向影响的结论。唐宗明等（2005）通过定量研究，采用控制权溢价来衡量大股东借助对公司控制权的掌控进而实施对小股东的侵害的程度，发现在小公司和组织透明度低的公司中，大股东对中小股东的侵害更严重。汤姆森等（Thomsen et al.，2006）发现欧洲国家的上市公司股权相对较为集中，研究还发现具有控制性大股东能对公司绩效产生显著的负向影响。

利益趋同效应与利益侵占效应同时存在的观点认为股权集中度对公司绩效产生的作用会受到其他因素的影响，并认为公司的股权集中与公司绩效之间可能存在复杂的非线性关系，或处在不同环境中的公司其股权结构与公司绩效之间的关系会呈现出不同的形式。汤姆森等（2000）发现在欧洲上市公司中，利益趋同效应与利益侵占效应的相对大小取决于股权集中度，股权集中度与公司绩效之间的关系可以用倒"U"型来描述。杜莹等（2002）的研究发现股权集中度过低和过高都不利于企业内部制衡机制发挥作用，股权适度集中才是最好选择。肖作平（2005）分析了1995~2002年间的非金融类上市公司，发现公司最大股东的股份与公司绩效之间存在显著的倒"U"型关系。陈德萍等（2012）研究了2011年前的创业板上市公司，研究结论表明公司最大股东的股份与公司绩效之间存在倒"U"型关系，研究结果支持了存在最优股权集中度的假说；吴淑琨（2002）探究了以不同衡量指标测度的股权集中度对公司绩效的影响，发现最大股东持股比例与公司绩效存在正相关关系，但当采用 Herfindahl 指数来衡量股权集中度时，公司绩效与股权集中度之间呈现明显的倒"U"型关系。

2. 现金流权和投票权两权偏离与公司绩效的相关文献综述

刘芍佳等（2003）对中国上市公司进行研究，追溯上市公司的终极控制人，并对终极控制人进行分类，发现终极控制人是政府的上市公司占84%，而仅有16%的上市公司的终极控制人为个人。苏启林和朱文（2003）以中国家族上市公司为研究对象，实证分析了中国家族上市公司存在的现金流权与投票权两权偏离的现象，得出家族上市公司终极控制人的两权偏离程度对家族上市公司的市值存在正向影响。张华等（2004）实证分析了中国民营上市公司终极控制人的控制权大小与公司绩效两者之间的关系，发现终极控制人的所有权对公司绩效存在正向影响。

公司治理实践中普遍存在终极控制人的投票权和现金流权偏离的现象，投票权和现金流权的偏离为终极控制人实施"隧道挖掘"侵害中小投资者的行为创造了条件，导致公司股票价值下降。公司价值的下降不仅损害了外部中小投资者利益，也会损害控制性股东的利益，但是控制性股东损失的利益会小于其从"隧道挖掘"中获得的利益，这是控制性大股东实施"隧道挖掘"的主要动因。邓建平等（2005）在分析家族上市公司的股利政策时，发现家族的投票权与现金流权之间的偏离程度越高，终极控制人"隧道挖掘"动机越强烈。叶勇等（2007）研究发现多数上市公司可以追溯到终极控制人，终极控制人借助金字塔股权结构等方式增加自身的投票权，达到对上市公司的实际控制，并因此形成了终极控制人的现金流权与投票权的偏离，两权偏离的程度与公司市场价值之间存在负相关关系。终极控制人的投票权大于现金流权为终极控制人实施对小投资者利益的侵害提供了便利，特别是在家族上市公司中，这种侵害行为更加明显。

吴柄莹（2012）对中国上市公司终极控制人现金流权、投票权和公司绩效间关系的实证研究发现：终极控制人的现金流权和投票权对公司绩效存在显著正向影响，现金流权和投票权越大，公司绩效越好；现金流权和投票权的偏离程度与公司绩效呈显著负相关；吴柄莹将民营上市公司分为直接上市和间接上市两组进行对比分析，发现直接上市的民营上市公司比间接上市的民营公司的两权偏离度较低，直接上市的民营上市公司因两权偏离度更低导致公司绩效比间接上市的民营公司绩效更好。宋小保（2013）对中国上市公司的实证研究表明，终极控制人两权偏离会引发上市公司出现过度投资行为，两权偏离程度与公司价值显著负相关。

3. 公司绩效对股权结构的影响的相关文献综述

和以往很多研究文献将股权结构看作外生变量不同，朱明贤（Cho. M. Hyeon，1998）把股权结构看作公司其他特征变量的函数，是系统内生的变量，是公司参与商品市场和资本市场博弈的结果，公司面临的各种竞争导致了具有高效股权结构的公司生存下来。曹廷求、杨秀丽和孙宇光（2007）采用中国上市公司2004～2007三年间3217个样本数据进行实证研究，研究结论支持了股权结构具有内生性的假设，并认为在开展股权结构与公司绩效之间关系的相关研究时，不能忽视股权结构的内生性问题。

3.2.2　管理权控制与公司绩效的相关文献综述

早期的公司规模较小，股东的数量有限且股东之间联系紧密，公司治理活动是以股东为中枢的；随着公司规模的扩大，股东数量越来越多，无法让每一个股东都参与到公司的治理中去，股东们投票选举出少量代表组成董事会来管理公司，形成了公司治理的董事会中心主义；随着市场竞争愈加激烈和公司治理的专业化，对市场反应更加迅速且接受过专业训练的经理人比董事会更能高效地应对公司面临的内部和外部不确定性，这便形成了公司治理的经理中心主义。现代公司的治理是由董事会、监事会、经理层组成的董监高人员间既分权制衡又协调合作的管理团队来实现。

在董监高人员中，董事长和总经理具有职位上和信息处理上的独特优势，在公司治理活动中起着关键作用，并实质上具备公司的管理权。公司日常管理被董监高人员实际控制是现代大公司股权分散和管理专业化的必然结果，董监高间的分权制衡又相互协调是公司治理达到高效率的保证。具有不同激励机制和管理能力的管理人员出任公司关键管理岗位并控制管理权能带来不同的公司绩效。

部分研究文献对民营公司的管理权配置及其绩效结果进行了研究。民营公司的高管既可以由终极控制人家族成员担任也可以聘请专业人员担任，不同来源的高管直接影响公司的管理链条和委托代理关系，继而产生一系列绩效后果。终极控制人亲自担任公司高管可以缩短管理链条，而从职业经理人市场聘请的专业人员出任公司高管会增加委托代理关系。许静静等（2011）的研究发现，家族公司由家族成员担任 CEO 能给公司带来更高的会计盈余质量。

陈德球等（2011）对家族企业投资偏好的研究表明，相对于外聘经理人，由家族成员担任 CEO 的公司更追求长期投资收益及公司长期价值。个人或家族直接创立的家族公司比通过并购重组方式形成的家族公司更加偏向投资长期项目，更注重公司的长期利益。由于家族成员将家族公司视为祖传基业，家族成员为了最大化家族财富以确保家族公司基业长青，会激励公司管理人员站在公司长期发展角度来实施对公司的经营管理。在由实际控制人或其家族成员创立的公司中，这种希望将公司作为家族基业予以传承不息的强烈动机使得这些实际控制人更重视高管的甄选，甚至亲自担任公司关键职位。在经理人市场上招聘的职业经理人由于追求自身利益最大化的经济人本性，与公司的家族股东之间存在利益冲突。职业经理人通常更注重公司短期业绩，通过在项目决策时选择短期项目、操纵短期盈余等方式使自己的薪酬最大化。那些由家族成员担任 CEO 的家族控股公司则更倾向于追求长期投资收益及公司长期价值实现，这有利于公司长期价值的增长。由控制人自己创立的家族企业，出于对企业长期价值的考虑，会更倾向于从家族内部成员中选任 CEO。

自汉姆布里科和梅森（Hambrick and Mason，1984）提出高层梯队理论以来，管理学领域的学者们通常将高管团队作为一个载体来进行有关权力方面的研究。冯寇斯坦（Finkelstein，1992）将高管团队的权力区分为所有权权力、组织权力、专家权力和声望权力。社会心理学家约翰·弗雷奇（John French）和伯特伦·雷文（Bertram Raven）在 1959 年提出了权力的五种类型：强制权、奖赏权、法定权、专家权和关系权。这五种权力，特别是强制权、奖赏权和法定权是公司董事长或总经理应当具备的。李瑞（2004）的研究认为，总经理权力属于职位权力，是一项法定的权力，具有一定的强制性与服从性，并且具有明显的独占性。

张和普鲁特（Chung and Pruitt，1996）在对高管任职情况的研究中指出，CEO 兼任董事长、管理层持有公司股份都能增加管理层的权力进而影响其自己的薪酬。别布丘克等（Bebchuk et al.，2002）研究发现管理层权力较大的企业其股权大多较为分散。胡和库玛（Hu and Kumar，2004）以 CEO 的任期和服务年数、董事会独立性（以外部董事比例表示）、CEO 是否兼任董事长、CEO 是否两年内退休、是否存在大股东等指标来综合反映管理权力。库姆斯等（Combs et al.，2007）同时采用任期、持股比例和两职兼任三个指标来衡量管理权力。

国内外有学者认为由终极控制人任职董监高特别是董事长或总经理有助于公司绩效提升。法玛和詹森（Fama and Jense，1983）认为由于家族经理人的血缘关系和相互之间的信任，家族成员担任公司高管发生机会主义行为的可能性会大大减少，信息不对称问题也可以大大缓解，家族经理人努力为家族公司创造价值的激励更多源于家族责任，而不是薪酬。麦康尼（McConaughy，1990）对美国上市公司进行的研究发现，终极控制人亲自管理的公司的市场价值显著高于由职业经理人管理的公司，终极控制人亲自担任公司总经理能提升公司的绩效。

启林（2003）的研究表明家族成员亲自担任高管参与公司日常管理对公司绩效的影响作用在家族公司的不同发展阶段存在明显差异。在公司成长阶段，家族成员参与经营管理有助于公司业绩效的提升；在家族公司稳定成熟时，家族成员亲自参与管理对公司绩效有负面影响。李新春（2006）发现在法律制度环境不佳和社会信任体系不健全的社会里，家族公司创始人的企业家精神带来的激励效应能提高公司绩效。王索莲和杨困玉（2011）的研究表明，与非家族公司相比，家族公司的家族成员在利他主义心理作用下对家族公司具有更高的组织承诺，家族成员对公司投融资绩效具有更高的期望值，家族成员会为公司提供财务支援并主动监督和控制财务资本的运作质量。

3.3　董监高团队建设绩效及自愿离职的相关文献综述

董监高人员是公司可持续发展的核心资源，董监高人员的自愿离职对董监高团队建设是重大损失。董监高的离职不仅是经济新闻关注的对象，也是公司治理学术界研究的热点。有部分文献从企业的内部治理机制（包括股权结构和董监高团队特征两个角度）分析高管离职的原因。

沃尔什（Walsh，1988）是最早记录和研究公司控制权发生变更后公司高层管理者更换情况的学者，他分析了 55 起在 1975～1979 年间发生的接管事件，发现在控制权发生变更后两年内有 37% 的目标公司的高管发生了更换。沃尔什和埃尔伍德（Walsh and Ellwood，1991）研究将样本数扩大到 102 个，通过比较控制权变更前后的高管更换频率发现，相比控制权发生变更前两年，控制权发生变更后两年内的高管更换频率增加为变更前的 3 倍。

现有研究股权结构对高管变更的影响的文献常常从股权属性和股权集中度两个方面来展开。丹尼斯等（Denis et al.，1997）研究了美国上市公司高管变更的概率与内外部股权比例之间的关系，在研究中控制了股价表现等因素，研究结论指出高管变更的概率与外部股东的股权比例正相关，高管变更的概率与企业高管等内部人股权比例呈负相关，这两个相关关系是借助内部治理机制这一中介来起作用的。

沃利平（Volpin，2002）以意大利的上市公司为研究对象，研究了高管辞职和公司价值的决定因素。研究结论指出，当公司符合下述条件时公司绩效对高管离职影响更弱：（1）控股股东亲自担任 CEO；（2）股权集中；（3）控股股东的现金流权少于50%。在麦凯克伦（McEachern，1997）和爱伦（Allen，1981）的研究中，他们分别发现公司控制类型和公司高层管理者任期两者具有显著相关性。米歇尔（Michae）和撒伦（Sharn，1982）研究了不同控制权结构下，公司高层管理者权力、公司绩效与高管更换的关系，结果表明公司的控制权结构会影响公司高管更换。威廉（Willian，1994）分析了在位企业家的任期以及董事长和 CEO 两职分离状况，提出高管的任期长度越长，会降低更换频率，两职分离则会增加更换的频率。

芬克尔斯担（Finkelstein et al.，1996）的实证研究表明，大公司由于股权相对分散，公司高管的解聘难以在董事会获得足够的同意票数，因此大公司高管变更率比小公司更低。戈亚尔和帕克（Goyal and Park，2002）的研究结果表明，当公司的董事长和总经理由不同的人分别担任时，公司董事会能及时开除不合格的总经理；当董事长和总经理两职兼任的时候，缺少有效的分权制衡机制，公司更难以及时撤换不称职的总经理。

庞金勇（2008）在其研究结论中表明，公司高管变更是公司治理主体之间互相博弈后的均衡，高管最终由谁担任受到公司内外部治理机制的影响。曾海涛和谢军（2009）实证研究了第一大股东持股比例与高管变更之间的关系，发现在公司绩效较好时，家族上市公司的高管变更与该公司第一大股东持股比例之间呈"U"型关系。郭葆春（2008）实证研究了 2003～2006 年间我国上市公司首席财务官变更的原因，研究结果表明董事会开会次数对公司首席财务官变更存在正向影响，而且董事长和总经理两职兼任对公司首席财务官变更也存在正向影响。

殷楠（2011）采用实证研究的方法分析了影响上市公司高管离职的因素，研究发现强制性高管撤换常见于两权偏离度高的上市公司，而非强制性的高管撤换常发生在两权偏离度低的上市公司。杨晓彤（2015）以我国创业板公司为样本，实证分析了企业治理特征对高管套现离职行为的影响，研究结果表明，董事长与总经理两职兼任对高管套现离职行为存在显著负向影响，独立董事比例对高管套现离职行为存在显著负向影响，股权集中度对高管套现离职行为存在显著负向影响，离职高管持股数也对高管套现离职行为存在显著负向影响，但董事会规模对高管套现离职行为不存在显著影响。艾尔赛德和戴维森（Elsaid and David-son，2009）指出高管离职是高管和董事会博弈的结果，经理人是连任还是离职是双方的谈判能力决定的。上市公司高管主动离职是公司高管团队建设绩效差的表现，表明离职高管的工作满意度低，不看好公司发展的前景。

3.4　财务绩效与公司债务的相关文献综述

公司的负债水平反映了公司的资本构成，也反映了公司债务风险水平。有研究文献认为负债水平高的公司充分利用了低成本的债务资金，其净资产收益率会更高，但是公司面临的债务风险也更大了。净资产收益率和债务风险之间存在两难，通过增加负债来提高净资产收益率势必会增加债务风险。

阿洪和博尔顿（Aghion and Bolton，1992）认为，在债务融资契约中，债务的剩余控制权在企业正常经营的情况下应该分配给股东和高管团队，在企业出现破产重整时应该分配给债权人。一旦触发破产程序，公司控制权会从股东转移到债权人。公司负债水平越高发生破产的概率就越高，公司增加债务一方面能提高净资产收益率，另一方面也提高了财务风险。

洪锡熙和沈艺峰（2000）对1995~1997年沪市的221家工业类企业进行研究，研究结果表明公司的负债率对盈利能力存在正向影响。张佳林、杜颖和李京（2003）研究了1997~2001年的31家电力行业上市公司，采用面板数据分析，研究结论表明负债比率对净资产收益率存在正向影响。王凤（2007）以24家旅游类上市公司为样本，采用其2003~2005年的年报资料数据，应用多元线性回归方法，研究结论指出公司负债率对公司财务绩效存在显著正向影响。李庚寅和阳玲（2010）收集了2004年在中小企业板上市的38家公司2001~2007年的数据进行实证研究，实证的结果支持了资产负债率对公司盈利能力存在正向影响的假说。

关于资本结构与公司绩效之间的关系，也有研究文献得出了公司负债率与公司绩效呈负向相关的研究结论。蒂特曼和韦赛尔斯（Titman and Wessels，1985）以美国469家制造业上市公司1972~1982年的数据为样本，确定了有八大因素影响公司的资本结构，然后应用线性结构模型展开研究，研究结果表明公司负债比率对公司绩效存在显著负向影响。霍尔、哈钦森和迈克拉（Hall，Hutchinson and Michaela，2000）采用英国3500家中小公司的数据研究了资产负债率对盈利能力的影响，研究结论表明长期资产负债率对盈利能力的影响不明显，同时还研究了短期资产负债率对盈利能力的影响，研究结果表明短期资产负债不利于公司绩效提升。

陆正飞和辛宇（1998）采用 35 家机械及运输设备类的上市企业的数据，采用多元线性回归，研究发现长期负债比率对公司获利能力的负向影响是显著的。冯根福等（2000）对资本结构影响因素进行了研究，采用中国上市公司 1996～1999 年的数据，建立多元线性回归模型，研究结果表明资产负债率对公司的盈利能力存在显著负向影响。李宝仁和王振蓉（2003）采用部分中国上市公司的数据资料，通过主成分法找出了影响盈利能力的核心因素指标并进行综合评分，发现负债率负向影响公司绩效。

龙莹、张世银（2005）采用中国电力类的 28 家上市公司的数据资料，用资产收益率作为指标来衡量公司绩效，研究结论表明资产负债率与公司绩效之间呈倒"U"型的关系，在达到临界点之前和之后，二者分别呈现正相关关系和负相关关系。莫生红（2008）分析了中国房地产行业上市公司 2003～2005 年财务数据，研究结果表明上市公司的资产负债率对公司利润存在负向影响。汪旭晖、徐健（2009）采用中国流通服务业的上市公司的数据资料进行实证研究，得出了和莫生红（2008）相同的研究结论。

第4章

研 究 假 说

4.1　终极控制结构对董监高团队建设绩效的影响

董监高团队建设绩效是公司绩效的一个重要的组成部分。越来越多的研究和实践证明，公司要获得持续的竞争优势实现基业长青，就必须重视董监高团队的建设。公司的董监高人员作为公司人力资源的重要组成部分，是从事企业战略决策并直接对企业经营活动和经营效益负责的管理者。高管团队是公司的中枢系统，把握着公司生存的关键命脉。一个高效稳定的高管团队是公司持续经营不懈发展的源泉。高管团队成员直接参与公司的重大决策，掌握大量内部信息，对公司面临的问题比较清楚，同时对决策具有直接影响力。董监高人员自愿离职往往意味着其认识到公司存在某些问题，且在现行的机制内无法解决这些问题。高管团队成员的自愿离职，影响了公司经营管理的持续性，降低了公司员工的士气，所以常常被称为公司人事地震。董监高人员自愿离职是高管团队成员组织忠诚度差的表现，自愿离职的董监高人数可以作为公司高管团队建设绩效的一个反向指标，即自愿离职的董监高人数越少，表明公司高管团队建设绩效越好；自愿离职的董监高人数越多，表明公司高管团队建设绩效越差。

4.1.1 投票权比例对董监高团队建设绩效的影响

由于公司董监高人员的努力工作的成效不像一线员工的劳动成效那样立竿见影地体现出来，董监高人员当前努力经营管理的成果需要一年甚至多年才能显现出来。新的项目或新的管理模式从提出到落实再到产生成效需要经过很长一段时间。在经营管理的成果显现出来之前，董监高只能向上市公司要求较低的报偿，一直要等到产生明显的成效才能向公司主张奖金和执行期权。终极控制人的投票权比例越高，表明终极控制人对公司的控制权越稳固；终极控制人对上市公司的投票权比例越低，控制权发生转移的可能性就高。朱红军（2002）采用中国上市公司1996～1998年的数据对大股东变更与高级管理人员的变更关系进行实证检验发现，大股东变更对高级管理人员变更具有显著正向影响。公司的控制权一旦易主，经营方针可能发生调整，原来的董监高人员也常常面临解职，董监高人员曾经的经营努力便付之东流。预料到终极控股股东的投票权比例低，发生控制权易主的可能性高，董监高人员便会自主调低组织忠诚度，甚至自愿离职。现在经常被董监高人员采用的"金降落伞制度"便是董监高人员预防因控制权发生转移而被解聘的例证，该制度可以使董监高人员在上市公司发生收购导致控制权易主时获得补偿。理论上讲，终极控制人的投票权比例对董监高人员自愿离职人数有负向影响，即对公司董监高团队建设绩效具有正向影响，据此提出假说H1。

H1：终极控制人的投票权比例对上市公司董监高自愿离职人数具有负向影响（其影响路径系数命名为h1）。

4.1.2 净资产规模对董监高团队建设绩效的影响

公司的净资产归属于股东权益，终极控制人决定着公司净资产的用途和配置。一方面，公司的净资产规模越大，对该公司的并购的成本就越高，公司控制权发生转移的可能性就越小。公司控制权越稳定，有利于鼓励董监高人员进行长期决策并减少短视行为，进而促使董监高人员对公司更加忠诚，减少主动离职的行为，提高公司董监高团队建设的绩效。另一方面，公司的净资产规模越大，董监高人员管理行为的边际产出就越大，公司越有能力为董监高人员支付丰厚的薪酬，来吸引董监高人员减少自愿离职，从而提高公司董监高团队建设的绩效。因此，净资产规模越大的公司，能为董监高人员提供更好的职业前景和更稳定的职业保障，从而增加董监高人员的忠诚度减少自愿离职数量，据此提出假说 H2。

H2：公司净资产规模对董监高团队自愿离职人数具有负向影响（其影响路径系数命名为 h2）。

4.1.3 亲任董事长或总经理对董监高团队建设绩效的影响

因为公司董监高人员个人的努力对公司的贡献程度不像计件岗位那样易于衡量，所以无法将公司经营的改善具体归因于哪位董监高人员努力的结果，即贡献的难以分割性。董监高人员的顶头上司常常用过程考核代替贡献考核，如通过考核出勤情况、观察董监高人员在会议上发言的积极程度来间接反映董监高人员对公司的贡献。如果终极控制人能亲自出任董事长或总经理参与公司的日常管理，终极控制人对董监高人员的考核就不必借助委任的董事长或总经理这一中介，终极控制人和董监高人员之间的直接互动关系有利于董监高人员提升组织忠诚度，减少自愿离职倾向。理论上讲，终极控制人亲自出任董事长或总经理对董监高团队的自愿离职人数具有负向影响，即对公司董监高团队建设绩效具有正向影响，据此提出假说 H3。

H3：终极控制人亲自担任董事长或总经理对董监高团队自愿离职人数具有负向影响（其影响路径系数命名为 h3）。

4.2 终极控制结构对公司财务绩效的影响

衡量公司的财务绩效或盈利能力的财务指标有净资产收益率、总资产收益率、每股收益等，本书采用净资产收益率指标。

4.2.1 投票权比例对公司财务绩效的影响

现代上市公司普遍存在金字塔股权结构、委托投票权、一致行动人协议、双重股权（AB 股）等复杂的股权结构安排，这些股权结构导致了终极控股股东能用较少的现金流权控制上市公司更多的投票权来达到稳固地控制上市公司决策权的目的。上市公司的投票权在公司作出重大经营决策时和选任董监高人员时具有最终决定权。终极控制人的投票权比例越大，终极控制人越能抗拒恶意的收购行为，控制权发生转移的可能性越低。终极控制人意识到自己控制权的稳定，当期自身对公司的努力投入可以在未来期产生成果并得到报偿，终极控制人会加大对公司的努力投入，即终极控制人会对公司更加尽心尽力，从而提高公司的财务绩效，据此提出假说 H4。

H4：终极控制人的投票权比例对净资产收益率具有正向影响（其影响路径系数命名为 h4）。

4.2.2 净资产规模对公司财务绩效的影响

终极控制人的投票权比例反映其对公司控制的程度，而公司净资产的规模反映终极控制人控制的资源的规模。公司净资产规模越大，越有利于发挥规模经济优势，摊薄管理费用，节省管理成本，从而提升公司财务绩效。公司的净资产规模越大，代表股东的投入越大，其交易承诺越可信，提升其在市场活动中的信誉，从而节省交易费用，即净资产规模大的公司其破产的可能性更小且破产后债权人得到偿付的可能性越高，交易对方要求的风险补偿会更低，这有利于增加公司利润。所以理论上可以推测：终极控制人控制的公司净资产规模越大，公司的财务绩效越好，据此提出假说 H5。

H5：公司净资产规模对公司净资产收益率具有正向影响（其影响路径系数命名为 h5）。

4.2.3　亲自担任董事长或总经理对公司财务绩效的影响

有些上市公司的终极控制人由于精力不足、志趣不在或不愿担责等原因不担任公司的董事长或总经理，不直接参与公司的日常管理，而是退居幕后并委任他人担任董事长和总经理，自己当起了"甩手掌柜"，这种行为使得终极控制人与普通董监高人员之间的关系中增加了委任董事长这一中介，从而增加了委托代理的层级，也增加了代理成本，降低了公司盈利。另一些公司的终极控制人精力旺盛，积极介入公司治理活动，这种做法减少了委托代理的层级，节省了代理成本，增加了公司盈利。由此可知，终极控制人亲自担任公司董事长或总经理有利于提升管理效率，提升公司财务绩效，据此提出假说 H6。

H6：终极控制人亲自担任董事长或总经理对公司净资产收益率具有正向影响（其影响路径系数命名为 h6）。

4.3　亲任董事长或总经理、财务绩效与债务风险管理

反映公司债务风险水平的指标有总资产负债率、净资产负债率等，不同指标各有优缺点。本书采用净资产负债率作为公司债务风险管理绩效的指标。公司净资产负债率越低，表明公司债务风险得到有效管控，债务风险管理绩效越好；公司净资产负债率越高，表明公司债务风险越高，债务风险管理绩效越差。

4.3.1 亲自担任董事长或总经理对债务风险管理绩效的影响

从外部选任的董事长和总经理倾向忽视股东面临的风险去冒险追求职业成就，从而过度自信地举债扩大经营规模。终极控制人亲自担任公司董事长或总经理时，终极控制人和董事长的利益高度重合一致，若盲目自信放任公司债务扩张，产生的风险由终极控制人自己承担。公司债务风险爆发，作为债务的签署人和经办人的终极控制人其声誉将不可避免受到连带影响，这势必会抑制终极控制人的举债冲动。由此逻辑可以推测：终极控制人亲自担任董事长或总经理将降低公司负债水平，即提高公司的债务风险管理绩效，据此提出假说 H7。

H7：终极控制人亲自担任董事长或总经理对净资产负债率具有负向影响（其影响路径系数命名为 h7）。

4.3.2 公司财务绩效对债务风险管理绩效的影响

公司的盈利状况越好，越有能力偿付到期债务。另外，公司的盈利状况越好，终极控制人越希望稳固地控制公司，而债务风险恰恰威胁到终极控制人的控制权，所以当公司财务绩效越高时，终极控制人越有意愿降低债务水平，提高债务风险管理绩效。当公司偿债的意愿和偿债的能力一旦同时出现，公司将减少负债，提高债务风险管理绩效。由此推论：财务绩效好的公司负债率更低，据此提出假说 H8。

H8：公司净资产收益率对净资产负债率具有负向影响（其影响路径系数命名为 h8）。

4.3.3 公司财务绩效的中介作用

终极控制人亲自担任董事长或总经理对公司财务绩效具有正向影响（H6），公司净资产收益率对净资产负债率具有负向影响

（H8）；同时，终极控制人亲自出任董事长或总经理对公司净资产负债率具有负的总效应（H7）。终极控制人亲自担任公司董事长或总经理直接参与公司日常管理，这一行为对公司债务风险管理绩效的总影响包含两个影响路径：直接影响路径和间接影响路径。产生的两种效应分别是直接效应和中介效应。中介效应表现为终极控制人亲自担任董事长或总经理能提升公司财务绩效，公司财务绩效的提升进而又能提升公司债务风险管理绩效。直接效应和中介效应之和等于总效应，终极控制人亲自担任公司董事长或总经理对公司债务风险管理绩效的直接影响效应不为零，公司财务绩效所起的中介效应即为部分中介效应。由此理论上可推测：公司财务绩效在终极控制人亲自担任董事长或总经理对公司债务风险管理绩效的影响关系上起部分中介作用，据此提出假说 H9。

H9：公司净资产收益率在终极控制人亲自担任董事长或总经理对公司净资产负债率的影响关系中起部分中介作用（终极控制人亲自担任董事长或总经理对资产负债率的直接影响路径系数命名为 h7′，则 h7 = h7′ + h6 × h8）。

4.4　终极控制人持续控股年数的调节效应

公司财务绩效对公司债务风险管理绩效存在负向影响，即公司盈利状况越好，公司越倾向于减少负债。这一关系受到公司上市以来终极控制人持续控制公司的年数的调节影响。

终极控制人长期控股上市公司容易麻痹其对失去控制权的担忧，产生控制权疏忽。可以用终极控制人持续控股的年数来近似反映终极控制人的控制权疏忽。终极控制人的控制权疏忽对公司财务绩效没有影响，即终极控制人持续控股的年数对公司的净资产收益率没有显著影响。终极控制人的控制权疏忽单独对公司债务风险管理绩效没有影响，即终极控制人持续控股的年数对公司

的净资产负债率没有显著影响。公司财务绩效高表明公司找到了
高投资回报的商业机会，现有的经营模式是可取的。一旦终极控
制人的控制权疏忽和高投资回报的商业机会同时出现时，终极控
制人会促使公司增加债务以增大投入，即反映控制权疏忽的终极
控制人持续控股年数与表征公司盈利状况的净资产收益率两者的
交互项，对净资产负债率有显著正向影响，据此提出假说 H10。

H10：公司上市以来终极控制人持续控股的年数在净资产收
益率对净资产负债率的负向影响关系上起反向调节作用。

4.5 两权偏离的调节效应

在有限责任公司的制度安排下，股东以出资额为限按所有权
比例对公司的债务承担有限责任。当公司存在金字塔股权结构、
双重股权结构、一致行动人协议或委托投票权等股权安排时，终
极控制人拥有的投票权比例大于其现金流权比例。当终极控制人
拥有的权力大于其承担风险的责任，终极控制人有增加负债扩大
经营规模的心理倾向。增加负债扩大经营规模后，如果获得成
功，则可归功于终极控制人经营有方；增加负债扩大经营规模
后，如果经营失败，则损失由股东按现金流比例承担。终极控制
人投票权和现金流权的两权偏离使终极控制人拥有的权力大于责
任，容易忽视风险。终极控制人的两权偏离对公司净资产收益率
没有显著影响，终极控制人的两权偏离单独对公司净资产负债率
没有显著影响。公司财务绩效反映公司当前的商业机会和经营模
式的盈利状况，财务绩效高表明公司找到了高投资回报的商业机
会，现有的经营模式是可取的。当终极控制人因两权偏离产生的
权力大于责任，且公司因找到好的商业机会和经营模式而带来了
高财务绩效时，就会引发终极控制人为公司举债的实际行动。即
终极控制人的两权偏离与公司净资产收益率的交互项对公司净资
产负债率具有正向影响，据此提出假说 H11（见表 4 - 1）。

H11：终极控制人的投票权和现金流权两权偏离在公司净资产收益率对净资产负债率的负向影响关系上起反向调节作用。

表4–1 假说列表

编号	假说内容
H1	终极控制人的投票权比例对上市公司董监高自愿离职人数具有负向影响
H2	公司净资产规模对董监高团队自愿离职人数具有负向影响
H3	终极控制人亲自担任董事长或总经理对董监高团队自愿离职人数具有负向影响
H4	终极控制人的投票权比例对净资产收益率具有正向影响
H5	公司净资产规模对公司净资产收益率具有正向影响
H6	终极控制人亲自担任董事长或总经理对公司净资产收益率具有正向影响
H7	终极控制人亲自担任董事长或总经理对净资产负债率具有负向影响
H8	公司净资产收益率对净资产负债率具有负向影响
H9	公司净资产收益率在终极控制人亲自担任董事长或总经理对公司净资产负债率的影响关系中起部分中介作用
H10	公司上市以来终极控制人持续控股的年数在净资产收益率对净资产负债率的负向影响关系上起反向调节作用
H11	终极控制人的投票权和现金流权两权偏离在公司净资产收益率对净资产负债率的负向影响关系上起反向调节作用

第5章

假说检验

5.1 变量定义

5.1.1 被解释变量

被解释变量为公司绩效,本书借鉴平衡计分卡的研究范式,将公司绩效细分为 3 个二级指标,分别是:团队建设绩效、财务绩效和债务风险管理绩效。

(1) 本书使用董监高团队年度自愿离职人数(QUIT)衡量团队建设绩效。该指标是一个反向指标,自愿离职人数越少,代表公司团队建设绩效越好。董监高团队成员是公司最核心的人力资源,董监高人员的自愿离职是公司核心资源的流失,董监高人员的稳定是公司持续发展的保障。

(2) 本书采用净资产收益率(ROE)来衡量公司财务绩效,净资产收益率越高,表明公司财务绩效越好。很多文献都采用净资产收益率作为反映公司财务绩效的指标。净资产收益率是百分数,由于变量的单位不影响模型的分析结果,为简化,净资产收益率只取分子。

(3) 债务风险管理是公司管理的重要内容,债务融资能节省融资成本,但也增加了公司破产的风险。一般而言,负债率越高,债务风险越大。本书采用净资产负债率(记为 DEBT)作为衡量公司债务风险管理绩效的指标,该指标为反向指标,净资产负债率越低,表明公司债务风险管理绩效越好。由于变量取值的单位并不影响模型的分析结果,为了简便,在数据分析时净资产负债率只取分子。

5.1.2 解释变量

公司的终极控制结构反映了公司的具体权力安排。本书采用终极控制人的现金流权、投票权、投票权和现金流权的两权偏离、终极控制人是否亲任董事长或总经理、终极控制人控制的公司资产规模、终极控制人连续控股年数等特征指标多维度地反映公司终极控制结构。

(1)现金流权比例(CFR),即终极控制人拥有上市公司所有权的比例。现金流权是指终极控制人有权分享公司红利的比例。根据拉波塔等(1999)采用的计算方法,用终极控制人通过所有控制链持有上市公司的所有权比例之和来表示终极控制人的现金流权比例,其中每条控制链顶端对底端上市公司的现金流权比例等于该条控制链上各层股东持股比例的乘积。若上市公司只有一条控制链,则现金流权比例等于该控制链上所有控股比例的乘积;若上市公司不止一条控制链,则现金流权比例等于各条控制链上持股比例乘积之和。这一计算现金流权的方法广为采用,谷祺、邓德强、路倩(2006)在研究我国家族上市公司现金流权与控制权偏离背景下的公司价值问题时,对现金流权的测量考虑了三个方面的情况,如公司 A 持有公司 B 和公司 C 的股份比例分别为60%和10%,同时公司 B 持有公司 C 的股份比例为30%,则公司 A 对公司 C 的现金流权为60% ×30% +10% =28%,本书采用这一计算方法。现金流权比例是一个百分数,由于变量取值的单位并不影响模型的分析结果,为了简便起见,在数据分析时现金流权比例只取分子,忽略分母。

(2)投票权比例(CR)指终极控制人对公司重大决策或事

项的投票权，即终极控制人对上市公司的表决权。终极控制人的投票权比例的计算方法在学术上还未有定论。本书采用这一统计方法：投票权比例＝终极控制人能控制的各链条上最下层的投票权之和＋终极控制人不能控制的链条上的现金流权。由于变量取值的单位并不影响模型的分析结果，为了简便，在分析时投票权比例只取分子，忽略分母。

（3）终极控制人的投票权比例和现金流权比例的两权偏离（DD），反映终极控制人借助金字塔股权结构或双重股权结构用较少的所有权获得较多的公司控制权。在实际计算时采用两种计量办法：一种是利用投票权比例减去现金流权比例得到两权偏离值（DDa）；另一种是用投票权比例除以现金流权比例得到两权偏离值（DDb）。

（4）衡量公司资产规模的指标有总资产和净资产。公司总资产是指公司拥有或控制的能够带来经济利益的全部资产，等于股东权益资产和负债之和（记为 TSIZE）。公司的净资产是指企业的资产总额减去负债后的净额（记为 SIZE）。公司总资产和净资产都是存量数据，在不同时间节点上其取值会不同，为便于统计，本书取该值年初数值和年末数值的算术均值代表该值的年度水平。由于总资产和净资产取值较大，根据研究惯例对总资产（TSIZE）取自然对数记为 lnTSIZE，对净资产 SIZE 取自然对数记为 lnSIZE。

（5）终极控制人是否亲任董事长或总经理（CEO）是个哑变量，取值为 1 或 0。该变量取值为 1 表示终极控制人亲自担任公司董事长或总经理直接参与公司的日常管理活动，该变量取值为 0 则表示终极控制人将公司的日常管理活动委托给职业经理人。

5.1.3 调节变量

根据假说 H10，公司上市以来终极控制人持续控股的年数

（AGE）在净资产收益率（ROE）对净资产负债率（DEBT）的负向影响关系上起反向调节作用。根据假说 H11，终极控制人的现金流权和投票权之间的两权偏离（DDa）在净资产收益率（ROE）对净资产负债率（DEBT）的负向影响关系上起反向调节作用。本书中两个调节效应相应的两个调节变量分别为控股年数（AGE）和两权偏离（DDa）。

（1）持续控股年数（AGE），即公司上市以来终极控制人连续控股的年数。控股年数的统计方法是从 2017 年一直向过去的年份连续追溯，当前终极控制人每持续控股一年累计增加一年，一直追溯到初始上市的年份为止，确保统计的年数反映连续控股的年数。追溯到上市年份为止是因为上市之前的数据重要性低且无法获取。

（2）两权偏离（DDa），即终极控制人的投票权比例减去现金流权比例。终极控制人的投票权比例和现金流权比例的偏离是终极控制结构的一个重要特征，反映终极控制人借助金字塔股权结构或委托投票权或一致性行动人协议等安排以增加控制权的程度。

（3）控股年数与净资产收益率的交互项（CAGE·CROE），指中心化的控股年数乘以中心化的净资产收益率，中心化处理是为了避免交互项（CAGE·CROE）与净资产收益率 ROE 产生共线性。

（4）两权偏离与净资产收益率的交互项（CDDa·CROE），指中心化的两权偏离乘以中心化的净资产收益率，中心化处理是为了避免交互项（CDDa·CROE）与净资产收益率 ROE 产生共线性。

5.2 模型设计

严格地讲，公司治理系统的复杂性决定了控制结构、公司绩效这些变量都属于系统内生变量，控制结构对公司绩效存在影响，公司股东和管理者们也会根据公司绩效来买卖股票和调整职位以改变控制结构。股权控制和公司绩效之间、管理权控制和公司绩效之间都存在互相影响的关系，要理清这些关系势必要建立复杂的非递归模型，但复杂的非递归模型常面临模型不可识别的问题。为使模型可以识别并遵循奥卡姆剃刀原则，本书在终极控制结构与公司绩效两者间的关系上做了简化处理，只研究终极控制人的终极控制结构对上市公司绩效的单向影响，而不考虑上市公司绩效对终极控制结构的影响，即简单假定终极控制结构是外生变量，这是本书做的第一个简化处理。由于受资源限制未能收集面板数据，本书仅采用 2017 年的截面数据进行研究，不能进行时序趋势分析，这是本书做的第二个简化处理。为配合这两个简单化处理，须在选择研究对象时尽量确保公司的控制权结构在研究期限内保持不变。为此，本书在选择上市公司时要确保被选中的上市公司其终极控制结构在 2017 年内保持不变。

模型设置三个解释变量分别是股权控制、终极控制结构的资产规模和管理权控制。在实证研究中，是采用终极控制人现金流权比例（CFR）还是终极控制人投票权比例（CR）来反映股权控制，需要根据相关分析的结果，比较两个变量与被解释变量之间的相关程度，选择更相关的变量。在实证研究中是采用总资产（lnTSIZE）还是净资产（lnSIZE）来反映终极控制结构的资产规模，则需要根据这两个变量与被解释变量的相关分析结果，选择更相关的变量。管理权控制采用终极控制人是否亲任公司的董事长或总经理这一哑变量（CEO），当终极控制人亲任公司董事长或总经理时，CEO 取为 1，否则取为 0。

模型的被解释变量公司绩效被细分成三个二级指标，分别是董监高团队建设绩效、财务绩效和债务风险管理绩效（见图 5 - 1）。董监高团队建设绩效用 2017 年度公司董监高人员自愿离职人数（QUIT）这一反向指标来衡量。财务绩效采用 2017 年度公司净资产收益率。债务风险管理绩效采用净资产负债率（DEBT）这一反向指标。

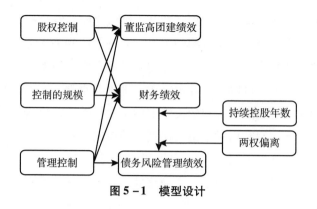

图 5 -1　模型设计

模型中两个调节变量分别是控股年数（AGE）和两权偏离（DD）。控股年数指自上市以来终极控制人持续控股的年数。两权偏离是终极控制人的投票权和现金流权的偏离，可用终极控制人的投票权比例减去现金流权比例的差值（DDa），也可用终极控制人的投票权比例与现金流权比例的比值（DDb），在实证过程中将根据两个变量的数据分布状态和相关分析的结果来决定使用差值（DDa）还是比值（DDb）。

模型的影响路径见图 5 -2。

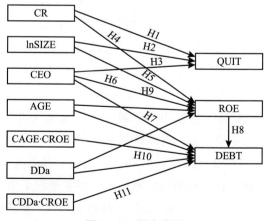

图 5 -2　影响路径

5.3 数据来源

本书在中国沪深股市所有上市公司中找出控制权结构 2017 年内没有发生变化的自然人控制的上市公司。具体做法是对比 2016 年和 2017 年公司年报中披露的终极控制权结构图，如果在这两年的公司年报中控股权结构图没有发生变化，且终极控制人任职董事长或总经理的情况也没有发生变化，本书就认为该上市公司在 2017 年度内终极控制结构没有发生变化，并将该上市公司入选为研究对象。

由于政府作为终极控制人的上市公司和自然人作为终极控制人的上市公司在行为动机和管理模式上存在明显差别，政府控制的上市公司和自然人控制的上市公司其终极控制结构对公司绩效的影响机理势必不同，所以本书的研究对象仅限定为以自然人作为终极控制人的上市公司，或本书将其称为民营上市公司（严格上讲民营上市公司包含以自然人为终极控制人的上市公司，但前者比后者的范围更广）。

根据以上两个筛选规则在中国沪深两市中筛选出共 531 家上市公司，剔除 4 家 2016 年刚刚发生控制权变更且绩效数据（财务绩效数据和董监高自愿离职人数）明显异常的上市公司，将剩下 527 家上市公司作为研究对象。

本书所用的数据采用手工从中国证监会指定的年报披露网站巨浪信息网披露的上市公司年报中查得。除可能存在的手工纰漏外，数据真实可靠。本书运用 Excel、SPSS22. 0 及其 PROCESS 插件和 AMOS22.0 对数据进行处理。Excel 用于数据的收集、筛选和整理，SPSS22. 0 用于模型的回归分析和检验，PROCESS 插件用于调节效应的分析和检验，AMOS22.0 用于结构方程模型的分析和检验。

5.4 检验结果

5.4.1 变量描述性统计

表 5-1 列出了各个变量的描述性统计分析结果，包括变量的最小值、最大值、平均值、标准差和正态性检验结果。由于净资产收益率（ROE）、净资产负债率（DEBT）、现金流权比例（CFR）、投票权比例（CR）和两权偏离（DDa）都为百分比例数据，变量的单位并不影响模型的分析结果，为了简明，这些值都只取分子，忽略分母。其中终极控制人是否亲自担任公司董事长或总经理（CEO）是哑变量，哑变量的平均数和标准差没有意义。董监高自愿离职人数最小值为 0，最大值为 16，标准差为1.815，KS 正态性检验的显著性小于 0.05，不服从正态分布。上市公司的净资产负债率最小值为 0.03，最大值为 18.09，算术平均值为 0.9014，标准差为 1.41，KS 正态性检验的显著性小于0.05，不服从正态分布。从描述性统计表中可以看出，两权偏离（DDa）的平均数为 4.3439，其标准差为 7.4014，而两权偏离（DDb）的平均数为 1.2488，但其标准差却只有 0.6124，DDa 相比于 DDb 更合适作为模型变量，故本书采用 DDa 作为模型中度量两权偏离的变量。

表 5-1　　　　　　　　　　描述性统计结果

变量	最小值	最大值	平均数	标准差	正态性 KS 检验	
					Z 值	显著性
QUIT	0	16	1.21	1.815	0.027	0.000
ROE	-185.92	76.21	5.4873	19.7042	0.292	0.000
DEBT	0.03	18.09	0.9014	1.41246	0.027	0.000

续表

变量	最小值	最大值	平均数	标准差	正态性 KS 检验	
					Z 值	显著性
CFR	3.5819	88.3702	34.2595	16.3485	0.062	0.000
CR	4.3800	89.9900	38.5826	15.8488	0.060	0.000
CEO	0	1				
lnTSIZE	17.89	25.83	21.7340	1.0982	0.054	0.001
lnSIZE	16.82	24.78	21.2069	1.0069	0.044	0.015
AGE	1	19	5.55	4.146	0.157	0.000
DDa	0	43.4273	4.3439	7.4014	0.290	0.000
DDb	1.0000	8.0283	1.2488	0.61235	0.342	0.000
CAGE·CROE	-1359.73	845.61	-5.4940	88.6871	0.276	0.000
CDDa·CROE	-1997.36	807.30	3.7710	118.7254	0.256	0.000

5.4.2 变量相关分析结果

表5-2是各变量之间的皮尔逊相关系数矩阵和双尾检验结果。从表5-2中可以看出，终极控制人投票权比例（CR）与董监高人员自愿离职人数（QUIT）的相关系数0.143比现金流权比例（CFR）与董监高人员自愿离职人数（QUIT）的相关系数0.13更大，且更显著；终极控制人投票权比例（CR）与净资产收益率（ROE）的相关系数0.198比现金流权比例（CFR）与净资产收益率（ROE）的相关系数0.181更大，两者都显著；现金流权（CFR）和投票权（CR）相关系数为0.895，若两者同时放入模型中势必会产生严重的共线性，因此本书在模型中采用投票权比例（CR）作为解释变量，反映终极控制结构的股权控制维度。

表 5 - 2　主要变量皮尔逊相关系数

变量	QUIT	ROE	DEBT	CFR	CR	CEO	lnTSIZE	lnSIZE	AGE	DDa	DDb
QUIT	1										
ROE	-0.127** (0.004)	1									
DEBT	0.195*** (0.000)	-0.194*** (0.000)	1								
CFR	-0.13** (0.003)	0.181*** (0.000)	-0.128** (0.003)	1							
CR	-0.143*** (0.001)	0.198*** (0.000)	-0.112** (0.010)	0.895*** (0.000)	1						
CEO	-0.24*** (0.000)	0.245*** (0.000)	-0.229*** (0.000)	0.3*** (0.000)	0.23*** (0.000)	1					
lnTSIZE	-0.088* (0.044)	0.139*** (0.001)	0.254*** (0.000)	-0.064 (0.141)	0.027 (0.541)	-0.042 (0.334)	1				

续表

变量	QUIT	ROE	DEBT	CFR	CR	CEO	lnTSIZE	lnSIZE	AGE	DDa	DDb
lnSIZE	-0.169*** (0.000)	0.205*** (0.000)	-0.087* (0.046)	-0.021 (0.633)	0.065 (0.136)	0.039 (0.366)	0.927*** (0.000)	1			
AGE	-0.129** (0.003)	-0.067 (0.122)	0.078 (0.073)	-0.254*** (0.000)	-0.192*** (0.000)	-0.198*** (0.000)	0.357*** (0.000)	0.33*** (0.000)	1		
DDa	-0.021 (0.628)	0.026 (0.553)	0.048 (0.269)	-0.291*** (0.000)	0.165*** (0.000)	-0.174*** (0.000)	0.205*** (0.000)	0.189*** (0.000)	0.156*** (0.000)	1	
DDb	-0.031 (0.476)	-0.073 (0.092)	0.105* (0.016)	-0.421*** (0.000)	-0.103* (0.018)	-0.215*** (0.000)	0.132*** (0.002)	0.109* (0.013)	0.186*** (0.000)	0.712*** (0.000)	1

注：*** 表示在 0.001 层上显著（双尾）；** 表示在 0.01 层上显著（双尾）；* 表示在 0.05 层上显著（双尾）。

从表 5 - 2 中可以看出，公司净资产规模（lnSIZE）与董监高人员自愿离职人数（QUIT）的相关系数 0.169 比公司总资产规模（lnTSIZE）与董监高人员自愿离职人数（QUIT）的相关系数 0.088 更大且更显著；公司净资产规模（lnSIZE）与净资产收益率（ROE）的相关系数 0.205 比公司总资产规模（lnTSIZE）与公司净资产收益率 ROE 的相关系数 0.139 更大且更显著；公司净资产规模（lnSIZE）和公司总资产规模（lnTSIZE）的相关系数为 0.927，若两者一同作为解释变量势必会产生严重的共线性问题，因此本书在模型中采用净资产规模（lnSIZE）作为解释变量。

从表 5 - 2 中可以看出，终极控制人投票权（CR）和终极控制人亲任董事长或总经理（CEO）两者间的相关系数为 0.23 且显著，但相关系数小于 0.5，作为模型解释变量其共线性问题并不严重。公司净资产规模（lnSIZE）与终极控制人投票权（CR）之间不相关，公司净资产规模（lnSIZE）与终极控制人亲任董事长或总经理（CEO）之间不相关。故终极控制人投票权（CR）、终极控制人是否亲任董事长或总经理（CEO）、净资产规模（lnSIZE）三个变量在研究模型中作为解释变量不会产生严重的共线性问题。

从表 5 - 2 中可以看出，终极控制人持续控股年数（AGE）与净资产收益率（ROE）的相关系数小且不显著，且终极控制人持续控股年数（AGE）与净资产负债率（DEBT）的相关系数小且不显著，这满足了在调节效应分析中调节变量必须与被调节的两个变量不相关的要求，控股年数（AGE）可以设为净资产收益率（ROE）和净资产负债率（DEBT）之间的调节变量。终极控制人两权偏离（DDa）与净资产收益率（ROE）相关系数小且不显著，且终极控制人两权偏离（DDa）与净资产负债率（DEBT）相关系数小且不显著，这满足了在调节效应分析中调节变量必须与被调节的两个变量不相关的要求，终极控制人两权偏离（DDa）可以设为净资产收益率（ROE）和净资产负债率（DEBT）之间的调节变量。

5.4.3　解释变量的共线性诊断

根据实证检验过程的惯例，在建模前需要对模型中的解释变量进行共线性诊断，并对共线性问题进行处理。根据表 5 - 3（解释变量的共线性统计资料），终极控制人投票权比例（CR）、净资产规模（lnSIZE）、持续控股年数（AGE）、两权偏离（DDa）四个解释变量的允差都大于 0.1，且这四个解释变量的方差膨胀因子 VIF 均小于 5，依据公认的评判标准，可以认为这四个解释变量间不存在共线性问题。

表 5 - 3　　　　　　　　　解释变量的共线性统计资料

解释变量	允差	VIF
CR	0.913	1.096
lnSIZE	0.861	1.162
AGE	0.829	1.207
DDa	0.922	1.085

根据表 5 - 4（解释变量的共线性诊断结果）可知，维度 1、维度 2、维度 3、维度 4 的条件指数都小于 10，只有维度 5 的条件指数大于 30；另外，四个解释变量对维度 1 的变异贡献比例均小于 0.5，只有两权偏离（DDa）对维度 2 的变异贡献比例大于 0.5，持续控股年数（AGE）对维度 3 的变异贡献比例大于 0.5，终极控制人投票权比例（CR）对维度 4 的变异贡献比例大于 0.5，净资产规模（lnSIZE）对维度 5 的变异贡献比例大于 0.5，根据公认的诊断标准，可以认为终极控制人投票权比例（CR）、净资产规模（lnSIZE）、持续控股年数（AGE）、两权偏离（DDa）这四个解释变量不存在共线性问题。

表 5 - 4 解释变量的共线性诊断结果

维度	特征值	条件指数	变异数比例				
			（常数）	CR	lnSIZE	AGE	DDa
1	3.938	1.000	0.00	0.01	0.00	0.01	0.02
2	0.653	2.457	0.00	0.00	0.00	0.00	0.93
3	0.329	3.459	0.00	0.09	0.00	0.67	0.00
4	0.079	7.055	0.01	0.90	0.00	0.23	0.03
5	0.001	62.805	0.99	0.00	1.00	0.08	0.02

本书的模型共使用了终极控制人投票权比例（CR）、净资产规模（lnSIZE）、终极控制人是否亲任董事长或总经理（CEO）、持续控股年数（AGE）、两权偏离（DDa）、持续控股年数与净资产收益率的交互项（CAGE·CROE）、两权偏离与净资产收益率的交互项（CDDa·CROE）七个解释变量，根据共线性检验发现其中终极控制人投票权比例（CR）、净资产规模（lnSIZE）、持续控股年数（AGE）、两权偏离（DDa）之间不存在共线性，由于持续控股年数与净资产收益率的交互项（CAGE·CROE）、两权偏离与净资产收益率的交互项（CDDa·CROE）已进行了中心化处理，与其他解释变量产生共线性的可能大大降低。由于终极控制人是否亲任董事长或总经理（CEO）这一解释变量是个哑变量，与其他解释变量存在共线性的可能性低。综上，可以认为模型中使用到的 7 个解释变量均互相独立，不存在共线性问题。

5.4.4 AMOS 路径分析结果

本书采用 AMOS22.0 软件对数据进行处理，得到的非标准化结果见图 5 -3，标准化分析结果见图 5 - 4。结构方程模型整体适配度指标，如 chi-square/df = 2.867 < 3，GFI、AGFI 和 CFI 均大于 0.9，RMSEA = 0.06 < 0.08。这些适配度指标都符合公认的

标准，可以认为模型符合要求。

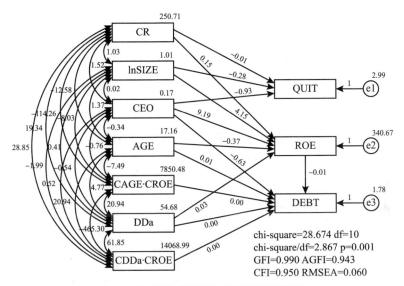

图 5 – 3 附带非标准化结果的研究模型

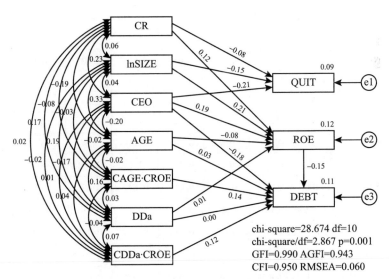

图 5 – 4 附带标准化结果的研究模型

从表 5 - 5 中可以看出，终极控制人投票权（CR）对董监高人员自愿离职人数（QUIT）的标准化影响路径系数为 - 0.084，显著性水平为 0.051 ≈ 0.05，可以近似看作在 0.05 显著性水平上显著。净资产规模（lnSIZE）对董监高人员自愿离职人数（QUIT）的标准化影响路径系数为 - 0.155，并在 0.001 显著性水平上显著。终极控制人亲任董事长或总经理（CEO）对董监高人员自愿离职人数（QUIT）的标准化影响路径系数为 - 0.215，且在 0.001 显著性水平上显著。在终极控制人的投票权（CR）、公司净资产规模（lnSIZE）和终极控制人亲任董事长或总经理（CEO）三者之间，终极控制人亲任董事长或总经理（CEO）对董监高人员自愿离职人数的影响最大。

表 5 - 5　　　　　　　　模型路径系数估计值

假说 H	路径 Path	估计值 Estimate	标准差 S. E.	Z 值 C. R.	显著性 P	标准化系数 STD - E
H1	QUIT←CR	- 0.01	0.005	- 1.955	0.051	- 0.084
H2	QUIT←lnSIZE	- 0.279	0.075	- 3.712	***	- 0.155
H3	QUIT←CEO	- 0.935	0.186	- 5.025	***	- 0.215
H4	ROE←CR	0.153	0.055	2.803	0.005	0.123
H5	ROE←lnSIZE	4.151	0.868	4.781	***	0.212
H6	ROE←CEO	9.193	2.064	4.454	***	0.195
H7′	DEBT←CEO	- 0.626	0.149	- 4.218	***	- 0.185
H8	DEBT←ROE	- 0.011	0.003	- 3.49	***	- 0.149
H10	ROE←AGE	- 0.366	0.216	- 1.692	0.091	- 0.077
	DEBT←AGE	0.01	0.014	0.677	0.498	0.029
	DEBT←CAGE·CROE	0.002	0.001	3.342	***	0.138
H11	ROE←CDDa	0.03	0.116	0.259	0.795	0.011
	DEBT←CDDa	0	0.008	0.056	0.955	0.002
	DEBT←CDDa·CROE	0.001	0	2.937	0.003	0.122

注：*** 表示 P 值小于 0.001。

终极控制人的投票权（CR）对净资产收益率（ROE）的标准化影响路径系数为 0.123，显著性水平为 0.005。净资产规模（lnSIZE）对净资产收益率（ROE）的标准化影响路径系数为 0.212，并在 0.001 的显著性水平上显著。终极控制人亲任董事长或总经理（CEO）对净资产收益率（ROE）的标准化影响路径系数为 0.195，且在 0.001 的显著性水平上显著。在终极控制人投票权（CR）、公司净资产规模（lnSIZE）和终极控制人亲任董事长或总经理（CEO）三者之间，公司净资产规模（lnSIZE）对净资产收益率（ROE）的影响最大。

终极控制人持续控股的年数（AGE）对净资产收益率（ROE）的标准化影响路径系数小且不显著，终极控制人持续控股的年数（AGE）对净资产负债率（DEBT）的标准化影响路径系数较小且不显著，去中心化的控股年数（CAGE）和去中心化的净资产收益率（CROE）的交互项（CAGE·CROE）对净资产负债率（DEBT）的标准化影响路线系数为 0.138，且在 0.001 显著性水平上显著。说明调节效应假说 H10 获得实证支持，且交互项（CAGE·CROE）对净资产负债率（DEBT）的标准化影响路径系数为正数，与净资产收益率（ROE）对净资产负债率（DEBT）的标准化影响路径系数的符号正好相反，说明该调节效应为反向调节效应。

终极控制人的两权偏离（DDa）对净资产收益率（ROE）的标准化影响路径系数小且不显著，终极控制人的两权偏离（DDa）对净资产负债率（DEBT）的标准化路径系数小且不显著，去中心化的两权偏离（CDDa）和去中心化的净资产收益率（CROE）的交互项（CDDa·CROE）对净资产负债率（DEBT）的标准化影响路线系数为 0.122，且显著性水平为 0.003。说明调节效应假说 H11 获得实证支持，且交互项（CDDa·CROE）对净资产负债率（DEBT）的标准化影响路径系数为正数，与净资产收益率（ROE）对净资产负债率（DEBT）的标准化影响路径系数的符号相反，说明该调节效应为反向调节效应。

5.4.5　净资产收益率的中介效应检验结果

研究净资产收益率（ROE）在终极控制人是否亲自担任董事长或总经理（CEO）与公司净资产负债率（DEBT）之间的中介效应时，采用 PROCESS 插件进行数据处理。净资产收益率（ROE）起部分中介作用的检验结果见表 5 - 6。非标准化系数结果 - 0.725 = - 0.011 × 9.193 - 0.626，满足关系式 h7 = h6 × h8 + h7′；同时标准化结果 - 0.214 = - 0.149 × 0.195 - 0.185，也满足关系式 h7 = h6 × h8 + h7′，即总效应等于中介效应加上直接效应。说明净资产收益率（ROE）在终极控制人亲自担任董事长或总经理（CEO）和净资产负债率（DEBT）间起部分中介作用的假说 H9 获得实证支持。

表 5 - 6　　　　　　　　净资产收益率的中介效应

项目	总效应 h7	CEO→ROE 路径系数 h6	ROE→DEBT 路径系数 h8	中介效应 h6 × h8	直接效应 h7′
非标准化	- 0.725	9.193	- 0.011	- 0.098	- 0.626
标准化	- 0.214	0.195	- 0.149	- 0.029	- 0.185

5.4.6　持续控股年数的调节效应检验结果

尽管采用 AMOS22.0 进行分析的结果可以看出公司自上市以来终极控制人持续控股的年数的调节效应显著，但为了更深入分析持续控股年数（AGE）在净资产收益率（ROE）对净资产负债率（DEBT）的影响关系中起的调节效应，本书借助 SPSS22.0 软件的 PROCESS 插件对其进一步分析。首先建立以下模型：

$$DEBT_i = \beta_0 + \beta_1 ROE_i + \beta_2 AGE_i + \varepsilon_i （模型 a）$$

$$DEBT_i = \beta_0 + \beta_1 ROE_i + \beta_2 AGE_i + \beta_3 CAGE \cdot CROE_i + \varepsilon_i (模型 b)$$

从表 5 - 7 持续控股年数调节效应模型摘要中可以看出，两个回归模型均在 0.001 显著性水平上显著，相比于模型 a，加入了交互项（CAGE · CROE）的模型 b 调整后的 R^2 增加了 45%，说明加入交互项明显增加了模型的解释力。

表 5 - 7   持续控股年数的调节效应模型摘要

模型	R	R^2	调整后 R^2	标准偏斜度误差	变更统计资料				
					R^2 变更	F 值变更	df1	df2	显著性
a	0.205[a]	0.042	0.038	1.38517	0.042	11.466	2	524	0.000
b	0.246[b]	0.061	0.055	1.37296	0.019	10.361	1	523	0.001

注：模型 a 解释变量为 AGE、ROE；模型 b 解释变量为 AGE、ROE、CAGE · CROE。

从表 5 - 8 中可知，两个模型中变量控股年数（AGE）的系数均不显著。去中心化的控股年数（CAGE）与去中心化的净资产收益率（CROE）的交互项（CAGE · CROE）的标准化系数为 0.136，和前文结构方程模型分析结果中的交互项（CAGE · CROE）对净资产负债率（DEBT）的标准化影响路径系数 0.138 很接近，说明采用两种分析方法得出的结果具有一致性。

表 5 - 8   持续控股年数的调节效应模型系数及显著性

模型		非标准化系数		标准化系数	T	显著性
		B	标准误差	Beta		
a	（常数）	0.852	0.103		8.252	0.000
	ROE	-0.014	0.003	-0.190	-4.426	0.000
	AGE	0.022	0.015	0.065	1.526	0.128

续表

模型		非标准化系数		标准化系数	T	显著性
		B	标准误差	Beta		
b	（常数）	0.857	0.102		8.372	0.000
	ROE	−0.013	0.003	−0.186	−4.381	0.000
	AGE	0.023	0.014	0.068	1.611	0.108
	CAGE·CROE	0.002	0.001	0.136	3.219	0.001

注：被解释变量为 DEBT。

从表 5-9 持续控股年数（AGE）的调节效应模型变异数分析的结果可以看出，模型的 F 检验结果均在 0.001 显著性水平上显著。

表 5-9 持续控股年数调节效应模型的变异数分析

模型		平方和	df	平均值平方	F	显著性
a	回归	43.998	2	21.999	11.466	0.000
	残差	1005.399	524	1.919		
	总计	1049.398	526			
b	回归	63.529	3	21.176	11.234	0.000
	残差	985.869	523	1.885		
	总计	1049.398	526			

注：被解释变量为 DEBT；模型 a 解释变量为 AGE、ROE；模型 b 解释变量为 AGE、ROE、CAGE·CROE。

从图 5-5 可知，净资产收益率与净资产负债率负相关，低净资产收益率分组的上市公司其净资产负债率会更高，高净资产收益率分组的上市公司其净资产负债率会更低。无论是低净资产收益率分组的上市公司，还是高净资产收益率分组的上市公司，终极控制人持续控股年数长的公司其净资产负债率均更高，表明控股年数（AGE）起反向调节作用的假说 H10 获得实证支持。

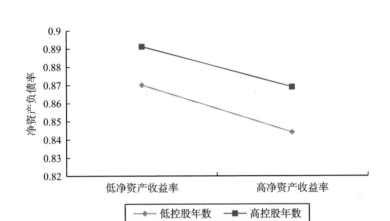

图 5 - 5　持续控股年数的调节效应分解

5.4.7　两权偏离的调节效应分析结果

尽管在前文结构方程模型的分析结果中可以看出，终极控制人现金流权和投票权两权偏离的调节效应显著，但为了更进一步探索两权偏离（DDa）在净资产收益率（ROE）对净资产负债率（DEBT）的影响关系中的调节效应，本书借助 SPSS 22.0 软件的PROCESS 插件对其进一步分析。首先建立以下模型：

$$DEBT_i = \beta_0 + \beta_1 ROE_i + \beta_2 DDa_i + \varepsilon_i（模型 c）$$
$$DEBT_i = \beta_0 + \beta_1 ROE_i + \beta_2 DDa_i + \beta_3 CDDa \cdot CROE_i + \varepsilon_i（模型 d）$$

从表 5 - 10 两权偏离的调节效应模型摘要中可以看出，回归模型 c 在 0.001 显著性水平上显著，回归模型 d 在 0.01 显著性水平上显著。相比于模型 c，加入了交互项（CDDa·CROE）的模型 d 调整后的 R^2 增加 29.7%，说明加入交互项明显增加了模型的解释力。

表 5 – 10 两权偏离的调节效应模型摘要

模型	R	R²	调整后R²	标准偏斜度误差	变更统计资料				
					R²变更	F值变更	df1	df2	显著性
c	0.201	0.041	0.037	1.38620	0.041	11.061	2	524	0.000
d	0.231	0.053	0.048	1.37814	0.013	7.147	1	523	0.008

注：模型 c 解释变量为 DDa、ROE；模型 d 解释变量为 DDa、ROE、CDDa·CROE。

从表 5 – 11 中可以看出，模型 c 和 d 中两权偏离（DDa）的系数均不显著。去中心化的两权偏离（CDDa）与去中心化的净资产收益率（CROE）的交互项（CDDa·CROE）的标准化系数为 0.114，和前文结构方程分析结果中交互项（CDDa·CROE）对净资产负债率（DEBT）的标准化影响路径系数 0.122 很接近，说明两个结果具有一致性。

表 5 – 11 两权偏离调节效应模型系数及显著性

模型		非标准化系数		标准化系数	T	显著性
		B	标准误差	Beta		
c	（常数）	0.934	0.072		13.007	0.000
	ROE	−0.014	0.003	−0.195	−4.566	0.000
	DDa	0.010	0.008	0.053	1.245	0.214
d	（常数）	0.938	0.071		13.128	0.000
	ROE	−0.014	0.003	−0.200	−4.703	0.000
	DDa	0.009	0.008	0.045	1.064	0.288
	CDDa·CROE	0.001	0.001	0.114	2.673	0.008

注：被解释变量为 DEBT。

从表 5 – 12 两权偏离模型的变异数分析表中可以看出，模型的 F 检验结果均在 0.001 显著性水平上显著。

表 5 – 12　　　　　两权偏离调节效应模型的变异数分析

模型		平方和	df	平均值平方	F	显著性
c	回归	42.508	2	21.254	11.061	0.000
	残差	1006.890	524	1.922		
	总计	1049.398	526			
d	回归	56.082	3	18.694	9.843	0.000
	残差	993.316	523	1.899		
	总计	1049.398	526			

注：被解释变量为 DEBT；模型 c 解释变量为 DDa、ROE；模型 d 解释变量为 DDa、ROE、CDDa·CROE。

从图 5 – 6 可以看出，上市公司净资产收益率（ROE）对净资产负债率存在负向影响。无论是低净资产收益率分组的上市公司，还是高净资产收益率分组的上市公司，其终极控制人的现金流权和投票权两权偏离大的公司其净资产负债率均更高，终极控制人两权偏离（DDa）起反向调节作用假说 H11 获得实证支持。

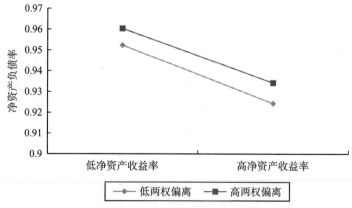

图 5 – 6　两权偏离的调节效应分解

第6章

研究结论与建议

6.1 主要结论

6.1.1 终极控制结构影响董监高团队建设绩效的研究结论

本书通过实证分析终极控制人的投票权比例、终极控制结构的净资产规模、终极控制人是否亲自担任董事长或总经理对董监高自愿离职人数的影响关系，得出以下的研究结论。

终极控制人的投票权比例（CR）对董监高自愿离职人数（QUIT）影响的标准化路径系数为 -0.084，显著性水平为 0.051，可以近似认为影响显著，说明假说 H1 获得实证支持。反映终极控制结构规模的净资产规模（lnSIZE）对董监高自愿离职人数（QUIT）影响的标准化路径系数为 -0.155，在 0.001 水平上显著，说明假说 H2 获得实证支持。终极控制人亲自担任董事长或总经理（CEO）对董监高自愿离职人数（QUIT）影响的标准化路径系数为 -0.215，在 0.001 水平上显著，说明假说 H3 获得实证支持。影响董监高自愿离职人数（QUIT）的三个因素中，终极控制人亲自出任董事长或总经理（CEO）的影响依次大于净资产规模（lnSIZE）、终极控制人的投票权比例（CR）。

结构方程模型中董监高团队建设绩效子模型中被解释变量董

监高自愿离职人数（QUIT）的决定系数 R^2 等于 0.09，偏小，但模型显著。尽管三个解释变量对被解释变量的解释力不高，但这是类似模型的常态，路径系数显著且模型整体显著说明研究成果具有理论价值。

6.1.2 终极控制结构影响公司财务绩效的研究结论

本书通过实证分析了终极控制人的投票权比例、终极控制结构的净资产规模、终极控制人是否亲自担任董事长或总经理 3 个解释变量对公司财务绩效的影响关系，得出以下研究结论。

终极控制人的投票权比例（CR）对公司净资产收益率（ROE）影响的标准化路径系数为 0.123，显著性水平为 0.005，说明假说 H4 获得实证支持。公司净资产规模（lnSIZE）对公司净资产收益率（ROE）影响的标准化路径系数为 0.212，在 0.001 的水平上显著，说明假说 H5 获得实证支持。终极控制人亲自担任董事长或总经理（CEO）对公司净资产收益率（ROE）影响的标准化路径系数为 0.195，在 0.001 的水平上显著，说明假说 H6 获得实证支持。相比于终极控制人退居幕后当甩手掌柜并委托他人出任董事长或总经理，终极控制人亲自出任董事长或总经理明显有利于减少委托代理的层级，从而减少了代理成本，说明终极控制人亲自出任董事长或总经理有利于提升公司财务绩效。影响公司净资产收益率（ROE）的 3 个因素中，公司净资产规模（lnSIZE）的影响依次大于终极控制人亲自出任董事长或总经理（CEO）、终极控制人的投票权比例（CR）。

在整个结构方程模型中公司财务绩效子模型的被解释变量公司净资产收益率（ROE）的决定系数 R^2 等于 0.12，数值偏小，该模型的缺点是决定系数偏低，但这是公司绩效研究模型的普遍现象，也是预料之中的事情。尽管所选的 3 个解释变量对被解释变量的解释力不高，但影响路径系数的显著性水平符合公认的标准。

6.1.3 净资产收益率起中介作用的研究结论

本书通过实证分析公司净资产收益率（ROE）在终极控制人是否亲自担任董事长或总经理（CEO）对净资产负债率（DEBT）的影响上所起的中介作用，得出以下研究结论。

终极控制人是否亲自担任董事长或总经理（CEO）对净资产负债率（ROE）影响的标准化路径系数为 -0.214，在 0.001 水平上显著，说明假说 H7 获得实证支持。净资产收益率（ROE）对净资产负债率（DEBT）影响的标准化路径系数为 -0.149，在 0.001 水平上显著，说明假说 H8 获得实证支持。终极控制人是否亲自担任董事长或总经理（CEO）对公司净资产收益率（ROE）影响的标准化路径系数为 0.195，在 0.001 水平上显著，说明假说 H6 获得实证支持。终极控制人是否亲自担任董事长或总经理（CEO）对净资产负债率（ROE）直接影响标准化路径系数为 -0.185，在 0.001 水平上显著，说明直接效应假说 H7′获得实证支持。无论采用标准化路径系数还是采用非标准化路径系数，路径系数都满足 h7 = h6 × h8 + h7′这一关系，说明公司净资产收益率（ROE）在终极控制人是否亲自担任董事长或总经理（CEO）对公司净资产负债率（DEBT）的影响中起部分中介作用的假说 H9 获得实证支持。

6.1.4 控股年数的调节效应的研究结论

本书通过实证检验公司上市以来终极控制人持续控股的年数（AGE）在净资产收益率（ROE）对净资产负债率（DEBT）的影响关系上所起的调节作用，得出以下结论。

公司上市以来终极控制人持续控股的年数（AGE）对净资产收益率（ROE）影响的路径系数不显著，可以认为控股年数（AGE）对净资产收益率（ROE）不存在显著影响。公司上市以来终极控制人持续控股的年数（AGE）对净资产负债率

（DEBT）影响的路径系数不显著，可以认为控股年数（AGE）对净资产负债率（DEBT）不存在显著影响。中心化的控股年数（CAGE）和中心化的净资产收益率（CROE）的交互项（CAGE·CROE）对净资产负债率（DEBT）影响的标准化路径系数为0.138，在0.001水平上显著，说明假说 H10 获得实证支持。

6.1.5　两权偏离的调节效应的研究结论

本书通过实证检验终极控制人投票权（CF）与现金流权（CFR）两权偏离（DDa）在净资产收益率（ROE）对净资产负债率（DEBT）的影响关系上所起的调节作用，得出以下结论。

两权偏离（DDa）对净资产收益率（ROE）影响的路径系数不显著，可以认为两权偏离（DDa）对净资产收益率（ROE）没有影响。两权偏离（DDa）对净资产负债率（DEBT）影响的路径系数不显著，可以认为两权偏离（DDa）对净资产负债率（DEBT）没有影响。中心化的两权偏离（CDDa）和中心化的净资产收益率（CROE）的交互项（CDDa·CROE）对净资产负债率（ROE）影响的标准化路径系数为0.122并显著，说明假说 H11 获得实证支持。

6.2　次要结论

6.2.1　现金流权和投票权的比较

终极控制人的现金流权比例（CFR）和投票权比例（CR）都是终极控制结构的基本特征，但投票权比例（CR）与净资产收益率（ROE）的相关系数比现金流权比例（CFR）与净资产收益率（ROE）的相关系数更大。终极控制人的现金流权比例（CFR）反映的是股利分配份额对终极控制人的激励程度，而投票权比例（CR）反映的是终极控制人对上市公司的控制权。稳固的公司控制权有利于提升董监高人员的忠诚和公司董监高团队建设绩效，而频繁易手的公司控制权会挫伤员工特别是董监高人员的积极性。终极控制人的现金流权比例（CFR）和投票权比例（CR）两者显著正相关，且两者都对上市公司净资产收益率（ROE）具有显著正向影响，但终极控制人的投票权比例（CR）的影响更大。

6.2.2 两权偏离对公司绩效的影响的结论

从表 5 - 2 主要变量皮尔逊相关系数中可以看出，终极控制人的投票权和现金流权两权偏离（DD）无论采用差值 DDa 还是采用比值 DDb 都对董监高自愿离职人数（QUIT）不存在显著影响。

在衡量终极控制人的现金流权和投票权两权偏离程度（DD）对上市公司净资产收益率（ROE）的影响时，当采用投票权比例与现金流权比例的差值（DDa）时，两权偏离（DDa）对净资产收益率（ROE）存在微弱的正向影响，但不显著；当采用投票权比例与现金流权比例的比值（DDb）时，两权偏离（DDb）对净资产收益率（ROE）存在微弱的负向影响，但不显著。这说明两权偏离程度对上市公司财务绩效不存在显著影响。以往很多研究文献认为两权偏离对公司财务绩效存在负向影响，而本书的分析结果表明两权偏离对财务绩效不存在显著影响。

本书实证结果表明终极控制人的现金流权比例（CFR）对公司净资产收益率（ROE）存在显著正向影响，意味着终极控制人受激励程度越大公司财务绩效越高。本书实证结果表明终极控制人的投票权比例（CR）也对公司净资产收益率（ROE）存在显著正向影响，意味着终极控制人的话语权越大公司财务绩效越好。但两权偏离（DD）却对公司净资产收益率（ROE）不存在显著影响，可能原因是：终极控制人通过金字塔股权结构、一致行动人协议、双重股权结构等股权安排会使终极控制人的投票权比例（CR）和两权偏离（DD）同时增加，这对公司净资产收益率（ROE）存在两种效应：一方面，两权偏离（DD）的增加会加大终极控制人实施侵占公司利益的动机，从而降低公司净资产收益率（ROE）；另一方面，根据获实证支持的假说 H4，终极控制人的投票权比例（CR）对公司净资产收益率（ROE）存在显著正向影响。两种影响效应一正一负，总效应便有可能表现为不显著。以上分析还仅是大胆推测，需要在后续的研究中加以验证。

6.2.3　与控股年数相关的研究结论

从表 5－2 主要变量皮尔逊相关系数中可看出，公司上市以来终极控制人持续控股年数（AGE）对董监高人员自愿离职人数（QUIT）有负向影响；控股年数（AGE）对终极控制人的投票权比例（CR）和现金流权比例（CFR）都具有显著负向影响，对终极控制人亲任董事长或总经理（CEO）具有显著负向影响，说明随着控股年数增加，终极控制人会松懈对公司的股权控制和日常管理控制。控股年数（AGE）与上市公司的净资产规模（lnSIZE）呈正相关，在 0.001 水平上显著，这表明随着持续控股年数（AGE）的增加，上市公司的净资产规模也在增加。控股年数（AGE）与两权偏离程度（DDa）呈正相关，在 0.001 水平显著，这说明随着控股年数增加，终极控制人越倾向扩大两权偏离程度。

6.3　政策建议

根据实证检验结果，就研究假设获实证支持的情况，结合实际提出以下政策建议。

6.3.1　应允许复杂股权安排

本书的实证结果支持了终极控制人投票权比例对公司董监高

团队的稳定和公司净资产收益率均有正向影响的假说。说明终极控制人提高投票权比例有利董监高团队建设，也有利于提升公司的财务绩效。给定的终极控制人现金流权比例，要提升投票权比例，势必会扩大两权偏离。本书的实证结果表明，两权偏离对公司绩效中的董监高团队建设绩效、财务绩效和债务风险管理绩效均无显著影响。由此可知终极控制人通过金字塔股权结构、一致行动人协议、双重股权结构等股权安排加大两权偏离的弊端不明显，但同时给终极控制人带来的更高投票权比例能提高董监高人员的职业忠诚，提高上市公司的财务绩效，提高上市公司债务风险管理绩效，是利大于弊的。社会舆论和证券市场监管机构应该允许终极控制人通过金字塔股权结构、一致行动人协议、双重股权结构等股权安排增加自身的投票权比例。

终极控制人提升投票权比例的方法主要有：（1）一致行动人协议；（2）投票权委托协议；（3）金字塔股权结构；（4）双重股权结构（AB股制度）。一致行动人协议和投票权委托协议是一部分股东基于对终极控制人的信任纽带而签署的协议以增加终极控制人的投票权；金字塔股权结构的实质是一部分股东基于对终极控制人信任纽带，不直接投资上市公司，而是选择与终极控制人合股成立控股母公司对上市公司进行控制，由于合股的公司由终极控制人控制，终极控制人获得了更多的投票权。因为控股母公司的股票的流动性要低于上市公司的股票的流动性，选择与终极控制人合股成立控股母公司的这部分股东损失了其股票的流动性。双重股权结构（AB股）是整个股权市场基于对终极控制人的信任，赋予终极控股人所持的股票以更大的投票权（通常是一股十票）。信任是一种稀缺资源，信任能减少逆向选择和败德行为，降低交易费用。基于信任纽带而发生的投票权委托使终极控制人获得更大的投票权，进而提高了公司治理的效率。以上四种增加终极控制人投票权的方式是市场参与者自发选择的制度安排，符合帕累托效率原则，应该获得社会和法律的认可。

6.3.2　鼓励股权市场融资

1. 上市公司通过股权融资更能留住董监高人才

本书实证结果支持了公司净资产规模（lnSIZE）对董监高自愿离职人数（QUIT）具有负向影响的假设 H2。公司净资产是公司通过股权融资获得的资本，其规模越大越有利于留住董监高人才，建立稳定高效的董监高团队。若上市公司更多通过债务融资获得资金，势必会增加债务风险，更高的债务风险会增加公司破产或重整的概率，公司的破产或重整常常伴随着对原董监高人员的辞退，这会减低董监高人员的职业稳定预期。由于董监高人员的工作绩效无法像基层员工的绩效那样在短期内体现出来，董监高人员更期待职业平台的稳定。董监高人员预期到高负债的公司面临更多不确定性时，往往选择自愿离职，另谋高就。相反，若上市公司通过不断增发新股，增加公司净资产规模，通过股权融资获得的资金不具偿付期限，更有利公司长期稳定经营，可以为上市公司董监高人员提供长期稳定的职业平台，更能吸引董监高人员对公司尽职。

从表 5-2 主要变量皮尔逊相关系数可知，公司总资产规模（lnTSIZE）与董监高自愿离职人数（QUIT）的相关系数为 -0.088，仅在 0.05 水平上显著，相关系数低显著性也偏低。而公司净资产规模（lnSIZE）与董监高自愿离职人数（QUIT）的相关系数为 -0.169，且在 0.001 水平上显著。说明增加股权融资有利于留住董监高人才，应当鼓励和支持上市公司更多地通过股权融资获得资金。

2. 上市公司通过股权融资有利于增加财务绩效

本书的实证结果支持了公司净资产规模（lnSIZE）对公司净资产收益率（ROE）具有正向影响的假说 H5。由于公司经营的持续性要求，需要稳定持久的资金保障，显然股权市场融资比债务融资更能满足企业对长期稳定资金的需求。不同于负债，股票没有到期偿付的压力，尽管股票在股票市场频频易手，却并不影响公司净资产的稳固。上市公司更大的净资产规模和更高的净资产比率，更有利于其作出长期投资规划，实施更具迂回的生产行为，带来更高的生产效率和更高的投资回报。从表 5-2 主要变量皮尔逊相关系数中可知，公司总资产规模（lnTSIZE）与公司净资产收益率（ROE）的皮尔逊相关系数为 0.139，其显著性为 0.001，而公司净资产规模（lnSIZE）与公司净资产收益率（ROE）的皮尔逊相关系数为 0.205，其显著性小于 0.001，显然公司净资产规模（lnSIZE）对公司净资产收益率（ROE）的正向影响大于公司总资产规模（lnTSIZE）对公司净资产收益率（ROE）的正向影响。应该完善股权融资市场，鼓励和支持上市公司更多地通过股权融资。

6.3.3 鼓励终极控制人亲自担任董事长或总经理

本书的检验结果支持了终极控制人是否亲自担任董事长或总经理（CEO）对董监高自愿离职人数（QUIT）有负向影响的假说 H3、对净资产收益率（ROE）有正向影响的假说 H6、对净资产负债率（DEBT）有负向影响的假说 H7 这 3 个假说。据此可知终极控制人亲自担任董事长或总经理参与公司日常管理，加强对公司的日常管理控制，对提升董监高团队建设绩效、公司财务绩效、公司债务风险管理绩效皆有利。

在本书选取的 527 家由自然人控制的上市公司中，有 409 家上市公司的终极控制人亲自担任了相应上市公司的董事长或总经理，另外 118 家上市公司的终极控制人招募职业经理人担任董事长和总经理。样本中占 22.4% 的终极控制人选择隐身为幕后股东，仅仅通过股权来控制上市公司，而不直接参与上市公司的日常管理实施管理控制。终极控制人不担任上市公司的董事长或总经理就难以掌控职位权力，削弱了终极控制人对上市公司的管理控制。终极控制人不担任上市公司董事长或总经理，可能存在两种原因，一种原因是上市公司终极控制人懒惰，特别是控股年数越长的终极控制人越容易产生职业倦怠，选择当"甩手掌柜"，放松了对公司日常管理的控制，表 5-2 中控股年数（AGE）和终极控制人亲任董事长或总经理（CEO）呈显著负相关，研究结果支持这一推论；另一种原因是在中国尊重和保护个人私有财产的公民意识和法制不健全，导致很多终极控制人选择隐身为幕后股东，指派亲信出任董事长和总经理。

终极控制人不亲自担任董事长或总经理对于其自身而言是避免抛头露面、劳筋苦骨以图清闲，带来的影响却是董监高人员组织忠诚度降低甚至自愿离职，公司净资产收益率下降，公司盲目举债导致债务风险大增，公司总体绩效变差。所以社会和政府应尊重和保护终极控制人的私人财产和劳动成果，应当鼓励那些精力充沛、具备企业经营管理能力的终极控制人积极从幕后走向前台，去亲自担任公司董事长或总经理，加强对公司日常管理的控制，担负起企业家的责任。

6.3.4 警惕控制权疏忽和高投资回报引发高负债

本书的实证结果支持了公司净资产收益率（ROE）对净资产负债率（DEBT）有负向影响的假说 H8。据此可知投资回报率高的公司倾向于偿还负债和减少举债以维持低的净资产负债率（DEBT）。实证结果支持了控股年数（AGE）在净资产收益率（ROE）对净资产负债率（DEBT）负向影响关系上起反向调节作用的假说 H10。终极控制人持续控股年数（AGE）单独对净资产收益率（ROE）不存在显著影响，终极控制人持续控股年数（AGE）单独对净资产负债率（DEBT）也不存在显著影响。但是终极控制人持续控股年数（AGE）和净资产收益率（ROE）的交互项对净资产负债率（DEBT）存在显著正向影响。公司上市以来终极控制人持续控股的年数（AGE）越长，则越会使终极控制人放松丧失控制权的警惕，终极控制人变得越疏忽大意，产生控制权疏忽。但终极控制人的控制权疏忽不必然导致盲目举债的行为，只有当控制权疏忽和公司高盈利机会一起出现时才会导致更多的负债。这一调节效应的启示是，冒险举债的心理倾向和动机只有与盈利的商业机会一同出现时，才能导致真实的举债行为。

终极控制人持续长期控股的上市公司在遇到具有高投资回报率的商业机会时，往往会忽视债务风险而冒险举债扩大经营规模以追求更大利润，最终导致公司面临更高的债务风险。相关主体在从事公司债务风险管理活动时，要特别警惕这种情形，及时加强债务风险评估，避免盲目举债。

6.3.5 警惕权责不一致和高投资回报引发高负债

本书的实证结果支持了终极控制人投票权（CR）与现金流权（CFR）的两权偏离（DDa）在净资产收益率（ROE）对净资产负债率（DEBT）负向影响关系上起反向调节作用的假说 H11。两权偏离（DDa）单独对净资产收益率（ROE）不存在显著影响，两权偏离（DDa）单独对净资产负债率（DEBT）也不存在显著影响。但是两权偏离（DDa）和净资产收益率（ROE）的交互项对净资产负债率（DEBT）存在显著正向影响。

终极控制人的投票权（CR）反映终极控制人对公司的控制权力，而终极控制人现金流权（CFR）反映终极控制人能获得的股利份额，若公司实现盈利则终极控制人按现金流权比例分得投资收益，若公司亏损则终极控制人按现金流权比例承担损失。两权偏离（DDa）反映终极控制人的权力和责任之间的不一致程度。两权偏离越大，意味着终极控制人拥有的控制权力越大，需承担的经营失败的责任越小。权责不一致会导致行为人忽视风险，产生冒险的行为倾向，但冒险的倾向并不必然会导致冒险的行动。两权偏离会导致终极控制人忽视债务风险，产生冒险的债务融资倾向，但冒险的债务融资倾向不必然导致终极控制人去增加公司债务，所以两权偏离（DDa）单独对净资产负债率（DEBT）不存在显著影响。假说 H8 获得实证结果支持，表明净资产收益率高的公司倾向于偿还债务和减少举债。但是高两权偏离带来的债务融资倾向和高投资回报同时出现时，终极控制人将增加公司债务融资，这会增加公司面临的债务风险，减低公司债务风险管理的绩效。

在公司债务风险管理活动中，终极控制人两权偏离会导致权责不一致，产生冒险的举债倾向，但冒险的举债倾向并不必然导致举债行为，当终极控制人的举债倾向和投资项目的高回报同时出现时，负债才显著增加。关注公司债务风险的人员需要特别注意高两权偏离和高投资回报同时出现的公司，这类公司的债务风险往往更高。

第7章

研究不足和展望

7.1 研究不足

本书通过分析控制权结构（包括终极控制人的投票权、两权偏离、终极控制结构的资产规模、终极控制人是否亲任董事长或总经理等）对公司绩效（包括董监高团队建设绩效、财务绩效、债务风险管理绩效）的影响关系，得出有意义的研究结论。但是本书也存在以下不足之处。

7.1.1 研究模型的简化处理降低了其解释力

公司治理是一个复杂的系统工程，各种变量相互交织影响。股权结构会影响公司绩效，股东们也会根据公司的经营绩效来决定买进或卖出股票进而改变公司的股权结构，终极控制人也会根据公司经营绩效来决策是否需要亲任董事长或总经理以调整对公司的日常管理控制。公司治理中的很多变量间的交互影响带来的内生性问题一直是公司治理研究的难点。建立非递归模型等处理办法往往产生模型不可识别或异常识别的问题。本书为了保证模型可以识别，采用简单化了的单向影响模型来拟合复杂的公司治理现实。本书假定终极控制结构是外生变量，公司绩效对终极控制结构没有作用，构建的研究模型只分析终极控制结构对公司绩效的影响。简化的研究模型得出的研究结论对公司治理现实的解释力会大打折扣。准备使用本书研究结论去指导公司治理实践时务必要明白本书的这一缺陷所隐含的风险。

7.1.2　采用截面数据导致模型解释力不足

由于本书使用的数据资料没有直接可用的二手资料，二手资料零散不齐，数据资料需要从公司年报中一一查找，需要花费很多时间和精力。在资源不足的情况下只能退而求其次，本书使用2017年的截面数据，而没有采用面板数据。由于截面数据间的变异只反映样本公司的个体间变异，未能反映同一样本公司的特征在时间维度上的变化。面板数据的变异不仅反映了样本公司间的个体变异，还反映了样本公司数据在时间维度上的变异。因果关系的研究必须满足先因后果的原则，要求变量取值在时间维度上有变异，截面数据无法满足这一要求，因此经截面数据检验的变量间的关系只能称为影响关系，不能称作为因果关系。被检定的变量间因果关系比被检定的变量间影响关系对公司管理实践更具指导价值。利用本书经截面数据检定的变量间影响关系的结论及其政策建议来指导公司治理实践时，需要注意这一不足所隐含的风险。

7.1.3　变量选择存在以偏概全的情况

终极控制结构是多维复杂的，包含着股权控制、管理权控制、控制的资产规模、终极控制结构维持不变的时间等诸多方面。本书只选择控制结构的少数几个特征来描述控制结构，如终极控制人投票权比例（CR）、终极控制人控制的净资产规模（lnSIZE）、终极控制人是否亲自担任董事长或总经理（CEO）、终极控制人持续控股的年数（AGE）和终极控制人的两权偏离（DDa）。公司绩效也包含着复杂的内容，但本书将公司绩效简单化为董监高团队建设绩效、财务绩效和债务风险管理绩效，并用董监高自愿离职人数（QUIT）这一反向指标反映公司董监高团队建设绩效，用净资产收益率（ROE）测度公司财务绩效，用净资产负债率（DEBT）这一反向指标反映公司债务风险管理绩效。尽管在研究工作中作出这种类似的简化处理是不得已的选择，但概念简化存在以偏概全的诟病。本书在这一问题上是否存在改进的空间，比如选择多个观测变量测度一个潜在变量，建立包含潜在变量的复杂的结构方程模型进行研究，这需要在以后的研究中深入尝试。

7.2　研究展望

围绕本书探讨的主题，结合前文指出的研究不足之处，在未来的研究中可以就以下几个方面进一步展开更深入的研究。

7.2.1　采用面板数据进行研究

前文提到的研究不足有些在现有的研究工具和条件下无法得到完善，但另一些研究不足可以在将来的研究中投入更多的精力加以弥补。不能解释因果关系是截面数据研究的不足，这就可以在将来投入更多精力，查找更多的数据资料，展开面板数据研究来弥补。由面板数据分析得出的实证结果能为假说提供更具说服力的证据，由此提出的政策建议更值得信赖。

7.2.2　采用更完善的结构方程模型进行研究

终极控制结构是个多维的复杂结构，但本书仅从股权控制、管理权控制、终极控制结构的规模等方面展开研究，并用终极控制人投票权（CR）、投票权和现金流权的偏离（DDa）来反映股权控制，用终极控制人是否亲自担任董事长或总经理（CEO）来反映管理权控制，用净资产规模（lnSIZE）来反映终极控制结构的规模，用终极控制人持续控股年数（AGE）反映终极控制结构在时间维度上的延展。本书只从董监高团队建设绩效、财务绩效和债务风险管理绩效三个方面反映公司绩效，并用董监高自愿离职人数（QUIT）反向测度团队建设绩效，用净资产收益率（ROE）测度公司财务绩效，用净资产负债率（DEBT）反向测度公司债务风险管理绩效。以上简单化的处理使研究较为粗糙。将来可以将研究细化，比如通过多个观测变量测度一个潜在变量，建立包含潜在变量的复杂的结构方程模型进行研究。将股权控制、终极控制结构规模和管理权控制作为解释构念，将董监高团队建设绩效、盈利绩效和债务风险管理绩效作为被解释变量公司绩效的 3 个二级构念。并为每个构念找到 3 个以上的观测变量。这样进一步的研究将使得研究架构更充实，研究模型更完善，研究结论更具说服力。

7.2.3　其他值得深入研究的领域

在研究过程中发现了一些超出本书研究计划的新研究方向，限于研究必须应紧扣主题的原因，未能在本书中展开分析，但可以在未来的研究中展开深入分析。如在表 5 - 2 中，可以看到公司净资产负债率（DEBT）与董监高自愿离职人数（QUIT）呈显著负相关，而且净资产规模（lnSIZE）与董监高自愿离职人数（QUIT）的相关系数比总资产规模（lnTSIZE）与董监高自愿离职人数（QUIT）的相关系数更大且更显著。可能的解释是，董监高人员觉得规模大的公司更能为其提供更好的职业平台，但是公司总资产包含债权人的资产，债务具有偿还期限并可能引发公司控制权转移或破产。相比于公司总规模，董监高人员更看重公司股东权益资产的规模。

公司上市以来终极控制人持续控股的年数（AGE）与终极控制人的现金流权（CFR）、投票权（CR）、终极控制人是否亲自担任董事长或总经理（CEO）均呈显著负相关，可能的原因是终极控制人像公司员工一样会产生职业倦怠，随着时间推移终极控制人对自身角色产生了倦怠，会放松对公司的控制，采取放任式管理当"甩手掌柜"。这是一个有意义的值得深入研究的方向。

两权偏离（DDa）与终极控制人的投票权比例（CR）呈显著正相关，两权偏离（DDa）与终极控制人的现金流权（CFR）呈显著负相关。可能的解释是，终极控制人通过一致行动人协议、投票权委托协议、金字塔股权结构等股权安排能增加自身控制权，形成两权偏离（DDa），此时现金流权（CFR）对终极控制人维持对公司的控制作用不大，相反持有更多的现金流权还意味着终极控制人需要承担更多资本机会成本，因此终极控制人会在增加投票权的同时减持其部分股票以降低现金流权比例（CFR）。这些推论需要后续的研究加以检验。

附录 样本公司数据

证券代码	QUIT	ROE	DEBT	CFR	CR	CEO	lnTSIZE	lnSIZE	AGE	DDa	DDb
000034	3	24.1	5.88	23.66	23.66	1	23.75	21.82	1	0.00	1.00
000040	3	4.85	1.05	14.35	30.98	0	23.86	23.14	2	16.63	2.16
000048	0	31.81	1.93	17.91	29.85	1	21.78	20.71	14	11.94	1.67
000150	2	7.08	2.03	29.66	37.08	1	22.73	21.62	10	7.42	1.25
000159	0	−3.09	0.43	29.64	29.64	0	21.85	21.49	13	0.00	1.00
000403	0	6.7	1.39	22.31	22.61	1	20.99	20.11	10	0.30	1.01
000416	1	3.12	0.03	17.40	22.56	0	20.65	20.62	8	5.16	1.30
000516	1	5.57	0.6	16.43	25.77	0	22.46	21.99	14	9.34	1.57
000517	1	13.72	2.07	30.09	54.05	1	23.22	22.10	8	23.97	1.80
000520	1	17.45	0.8	17.73	17.89	1	20.08	19.49	2	0.16	1.01
000545	0	8.49	0.39	27.88	37.3	1	21.73	21.39	4	9.42	1.34
000558	0	2.18	0.85	53.86	53.86	1	21.66	21.05	15	0.00	1.00
000572	1	−14.2	0.9	34.46	34.46	0	23.56	22.92	14	0.00	1.00
000587	1	11.41	2.67	22.16	37.04	1	24.28	22.98	4	14.88	1.67
000593	2	2.16	0.49	28.66	40.94	1	21.23	20.82	12	12.28	1.43
000603	1	10.65	0.14	29.00	39.57	0	21.82	21.69	9	10.57	1.36
000606	2	2.27	0.21	16.78	16.78	0	21.97	21.78	1	0.00	1.00
000611	1	−6.04	1.42	9.32	12.43	1	20.88	19.99	2	3.11	1.33
000623	0	9.59	0.07	4.63	26.66	1	23.77	23.70	7	24.64	5.75
000631	1	13.17	1.59	49.06	61.33	0	23.44	22.49	9	12.27	1.25
000633	16	−13.2	4.64	19.80	20	0	20.70	18.97	1	0.20	1.01

续表

证券代码	QUIT	ROE	DEBT	CFR	CR	CEO	lnTSIZE	lnSIZE	AGE	DDa	DDb
000637	0	11. 08	0. 29	23. 72	29. 5	1	20. 94	20. 69	14	5. 78	1. 24
000638	0	6. 99	2. 76	34. 17	37. 69	1	20. 91	19. 59	9	3. 52	1. 10
000650	0	13. 2	0. 2	19. 21	26. 27	0	22. 11	21. 93	11	7. 06	1. 37
000659	3	17. 78	3. 98	11. 39	11. 39	1	21. 69	20. 09	3	0. 00	1. 00
000667	1	9. 7	1. 47	9. 35	15. 58	1	23. 60	22. 69	10	6. 23	1. 67
000668	0	1. 7	2. 11	37. 28	39. 28	1	21. 49	20. 35	9	2. 00	1. 05
000670	6	− 61. 2	0. 16	15. 64	26. 19	0	20. 26	20. 11	3	10. 55	1. 67
000672	0	42. 62	1. 98	16. 46	32. 27	1	22. 50	21. 40	4	15. 81	1. 96
000677	0	0. 71	0. 31	10. 59	23. 15	0	20. 55	20. 29	2	12. 56	2. 19
000679	1	0. 95	3. 25	12. 12	28. 06	0	22. 59	21. 15	1	15. 94	2. 32
000681	2	11. 95	0. 54	25. 46	25. 46	0	22. 06	21. 63	3	0. 00	1. 00
000688	0	21. 44	0. 09	40. 99	40. 99	0	21. 50	21. 41	8	0. 00	1. 00
000691	3	− 10. 9	2. 22	15. 30	15. 3	0	19. 51	18. 34	9	0. 00	1. 00
000697	0	3. 96	1. 26	25. 14	25. 14	1	21. 96	21. 14	6	0. 00	1. 00
000712	0	5. 24	4. 46	50. 05	50. 05	0	24. 12	22. 42	17	8. 53	1. 00
000718	1	14. 88	1. 37	53. 95	53. 95	0	23. 74	22. 88	12	0. 00	1. 00
000726	0	11. 87	0. 29	3. 82	15. 23	1	23. 01	22. 75	17	11. 41	3. 98
000732	4	11. 19	6. 04	46. 67	49. 12	1	25. 83	23. 88	9	2. 45	1. 05
000790	2	22. 84	0. 61	15. 55	18. 08	1	20. 91	20. 44	2	2. 53	1. 16
000806	0	0. 49	0. 45	24. 98	47. 79	0	21. 86	21. 49	19	22. 81	1. 91
000816	4	− 8. 27	0. 77	25. 88	26. 06	0	22. 57	22. 00	14	0. 00	1. 01
000820	3	38. 42	1. 26	41. 67	54. 83	1	21. 44	20. 62	1	13. 16	1. 32
000836	0	4. 88	0. 32	5. 93	11. 09	1	21. 69	21. 41	1	5. 16	1. 87
000838	6	11. 22	2. 96	44. 36	59. 65	0	22. 68	21. 30	4	15. 29	1. 34
000848	1	21. 52	0. 46	40. 68	40. 68	0	21. 81	21. 43	11	0. 00	1. 00
000890	0	17. 92	8. 96	3. 58	21. 07	0	22. 95	20. 65	8	17. 49	5. 88
000913	0	3. 51	0. 54	29. 77	29. 77	0	22. 05	21. 62	1	0. 00	1. 00

续表

证券代码	QUIT	ROE	DEBT	CFR	CR	CEO	lnTSIZE	lnSIZE	AGE	DDa	DDb
000976	0	12.84	0.24	18.87	23.59	0	22.28	22.07	2	4.72	1.25
000979	0	−29.3	3.2	26.55	26.55	0	24.39	22.96	9	0.00	1.00
000982	2	2.53	5.27	12.50	28.58	0	23.20	21.36	10	16.08	2.29
000989	0	16.69	0.23	42.33	42.33	1	22.40	22.19	2	0.00	1.00
000996	0	4.79	0.15	19.25	19.44	0	20.31	20.17	8	0.19	1.01
002003	0	15.99	0.2	11.44	22.7	1	21.77	21.59	13	11.26	1.98
002010	0	4.16	0.7	63.63	63.63	1	23.75	23.22	13	0.00	1.00
002011	2	2.09	1.86	15.52	42.17	0	23.27	22.22	13	26.65	2.72
002016	5	44.17	2.34	73.97	74.09	1	22.69	21.48	10	0.12	1.00
002021	2	−9.48	0.77	7.33	17.45	0	21.28	20.72	2	10.12	2.38
002023	0	0.95	0.5	17.18	17.18	1	22.53	22.12	13	0.00	1.00
002027	1	67.65	0.48	23.34	23.34	1	23.35	22.96	12	0.00	1.00
002031	1	2.14	0.82	18.24	18.24	1	22.50	21.90	13	0.00	1.00
002035	0	26.1	0.92	14.96	23.82	1	22.08	21.43	4	8.86	1.59
002052	0	0.97	1.02	16.50	16.5	0	21.34	20.64	11	0.00	1.00
002054	0	1.67	0.47	21.93	21.93	1	21.81	21.43	11	0.00	1.00
002064	4	12.02	0.71	32.38	38.42	0	22.42	21.89	11	6.04	1.19
002075	0	23.01	0.59	7.76	20.34	0	22.89	22.43	7	12.58	2.62
002079	0	7.02	0.19	25.27	34.42	1	21.35	21.17	11	9.15	1.36
002081	1	17.88	1.51	36.97	48.87	0	24.04	23.12	11	11.90	1.32
002089	0	−6.35	1.54	34.51	34.51	1	22.33	21.40	11	0.00	1.00
002095	0	2.32	0.17	34.49	48.75	1	20.94	20.78	11	14.26	1.41
002098	7	10.15	0.85	24.98	25	1	21.57	20.95	1	0.03	1.00
002105	0	9.61	1.27	15.70	41.93	1	21.08	20.26	10	26.23	2.67
002107	0	11.02	0.27	40.22	50.27	1	20.48	20.24	10	10.05	1.25
002108	1	18.58	0.25	9.32	29.16	1	22.04	21.82	10	19.84	3.13
002111	1	4.26	0.59	25.18	41.84	1	22.19	21.73	10	16.66	1.66

证券代码	QUIT	ROE	DEBT	CFR	CR	CEO	lnTSIZE	lnSIZE	AGE	DDa	DDb
002132	0	2.02	0.8	29.12	29.12	1	22.40	21.82	10	0.00	1.00
002144	0	5.7	0.2	21.36	21.36	1	21.44	21.25	10	0.00	1.00
002147	2	17.25	1.03	68.94	68.94	1	23.49	22.78	1	0.00	1.00
002153	1	8.64	0.22	54.77	54.77	1	22.58	22.38	10	0.00	1.00
002158	0	10.63	0.54	7.61	23.09	1	21.83	21.39	10	15.48	3.03
002161	1	0.09	0.33	29.10	29.1	1	21.51	21.23	10	0.00	1.00
002182	4	10.43	1.42	32.03	32.03	1	22.01	21.12	10	0.00	1.00
002188	1	-186	0.46	5.52	20.3	0	21.15	20.77	5	14.78	3.68
002192	3	4.81	0.22	24.72	24.72	1	20.72	20.52	2	0.00	1.00
002194	3	-29.6	0.31	57.09	57.09	1	21.55	21.28	10	0.00	1.00
002201	0	-0.36	1.93	28.63	50.83	0	21.67	20.60	10	22.20	1.78
002207	11	2.85	1.4	13.38	22.3	0	20.54	19.66	1	8.92	1.67
002211	2	2.6	0.39	19.56	38.21	0	20.85	20.52	10	18.65	1.95
002214	0	3.06	0.36	29.10	29.1	1	21.01	20.71	10	0.00	1.00
002219	1	4.88	0.91	42.57	42.57	0	22.82	22.17	9	0.00	1.00
002226	2	2.26	0.25	21.71	46.64	0	22.36	22.14	6	24.93	2.15
002227	0	1.85	0.29	57.57	57.57	1	20.76	20.50	9	0.00	1.00
002234	0	-32.8	1.52	37.85	37.85	1	21.52	20.60	9	0.00	1.00
002237	0	9.02	2.26	17.93	37.75	1	23.30	22.12	9	19.82	2.10
002251	0	2.37	1.37	25.88	36.99	1	23.45	22.59	9	11.11	1.43
002253	1	3.52	0.14	9.72	16.19	1	21.14	21.01	9	6.47	1.67
002264	0	-3.14	1.21	50.44	53.26	0	22.01	21.22	9	2.82	1.06
002266	0	2.91	0.93	20.22	20.22	1	22.70	22.05	9	0.00	1.00
002270	2	15.14	0.34	33.34	33.34	1	21.73	21.43	2	0.00	1.00
002272	4	0.55	0.37	24.95	24.95	0	21.20	20.88	9	0.00	1.00
002284	0	3.13	0.99	25.99	47.21	1	22.44	21.76	8	21.22	1.82
002287	3	16.78	0.2	66.15	89.41	1	21.51	21.32	8	23.26	1.35

续表

证券代码	QUIT	ROE	DEBT	CFR	CR	CEO	lnTSIZE	lnSIZE	AGE	DDa	DDb
002291	0	−21.2	0.84	48.36	53.17	1	21.85	21.24	8	4.81	1.10
002298	1	4.07	0.28	19.80	19.81	1	22.45	22.20	8	0.01	1.00
002328	1	3.9	0.44	36.38	36.38	1	22.11	21.75	8	0.00	1.00
002329	2	2.07	0.85	31.40	31.4	1	22.41	21.79	8	0.00	1.00
002330	1	0.56	0.3	67.63	72.65	1	21.27	21.01	8	5.02	1.07
002336	0	−26.4	1.68	74.47	74.47	1	22.42	21.44	8	0.00	1.00
002337	2	1.2	0.26	19.40	35.91	0	21.24	21.02	8	16.51	1.85
002351	0	6.59	0.11	31.70	31.7	1	21.40	21.30	8	0.00	1.00
002355	1	3.03	0.91	33.84	33.84	0	22.14	21.49	8	0.00	1.00
002360	0	9.42	0.32	21.22	21.22	1	21.10	20.82	7	0.00	1.00
002361	2	6.46	0.52	22.78	22.78	1	21.78	21.37	7	0.00	1.00
002367	0	8.96	0.48	44.96	44.96	1	22.41	22.02	7	0.00	1.00
002378	1	1.61	0.76	66.30	70.53	1	21.96	21.40	7	4.23	1.06
002387	2	2.01	5.93	29.82	29.82	0	22.39	20.45	2	0.00	1.00
002391	0	7.63	0.3	30.60	30.6	1	22.09	21.82	7	0.00	1.00
002395	0	1.39	0.34	44.30	64.73	1	20.96	20.67	7	20.43	1.46
002399	1	1.69	0.65	74.00	77.68	1	23.29	22.79	7	3.68	1.05
002404	0	8.61	0.74	22.44	23.76	1	21.60	21.04	7	1.32	1.06
002416	1	7.04	1.04	45.32	67.7	0	23.14	22.42	7	22.38	1.49
002420	1	−36.3	1.88	25.67	25.98	1	22.14	21.09	1	0.31	1.01
002425	0	7.2	0.23	40.44	40.44	1	22.20	21.99	7	0.00	1.00
002426	0	5.39	0.98	28.47	30.13	1	23.59	22.90	7	1.66	1.06
002428	1	0.57	0.26	20.01	20.01	1	21.38	21.16	7	0.00	1.00
002429	1	7.56	0.8	50.03	54.58	1	23.39	22.80	7	4.55	1.09
002432	3	−11.4	0.53	34.23	37.28	1	21.52	21.10	7	3.05	1.09
002434	0	11.04	0.61	31.28	32.45	1	22.97	22.50	7	1.17	1.04
002446	0	4.06	0.34	18.00	18	1	21.93	21.63	7	0.00	1.00

续表

证券代码	QUIT	ROE	DEBT	CFR	CR	CEO	lnTSIZE	lnSIZE	AGE	DDa	DDb
002454	3	12.87	0.74	43.52	43.52	1	22.43	21.87	7	0.00	1.00
002457	2	1.07	0.56	20.80	31.36	0	21.77	21.33	7	10.56	1.51
002468	1	24.05	0.37	59.25	59.25	1	22.85	22.53	1	0.00	1.00
002469	0	4.87	0.25	14.28	26.06	1	21.19	20.97	7	11.78	1.83
002473	7	-18.3	0.32	18.13	18.13	0	19.84	19.56	2	0.00	1.00
002474	0	2.31	0.66	20.63	20.63	1	21.58	21.08	7	0.00	1.00
002477	1	0.68	2.02	39.84	39.84	1	23.72	22.61	7	0.00	1.00
002483	3	3.45	0.58	17.04	38.88	1	22.23	21.77	7	21.84	2.28
002493	0	14.09	1.43	52.18	71.01	1	24.69	23.80	7	18.83	1.36
002494	9	-3.86	0.33	31.31	31.31	1	21.68	21.40	7	0.00	1.00
002496	0	11.32	0.93	42.20	42.2	1	22.78	22.12	7	0.00	1.00
002498	0	5.56	0.4	19.89	54.73	0	22.57	22.24	7	34.84	2.75
002499	6	5.76	0.78	15.39	19	1	21.01	20.43	1	3.61	1.23
002504	4	-14.7	4.28	55.88	59.59	1	22.41	20.74	3	3.71	1.07
002505	1	0.43	1.63	54.73	55.28	0	23.49	22.53	3	0.55	1.01
002506	2	0.57	3.85	22.40	22.4	0	23.74	22.16	3	0.00	1.00
002521	0	4.74	0.3	16.31	16.31	1	22.21	21.95	7	0.00	1.00
002527	0	4.97	0.88	29.98	29.98	1	22.40	21.77	7	0.00	1.00
002530	1	6.04	0.16	11.31	19.75	1	22.24	22.09	7	8.44	1.75
002533	0	5.52	0.34	26.66	26.66	1	21.92	21.63	7	0.00	1.00
002537	1	6.11	1.42	19.32	19.32	1	23.53	22.65	7	0.00	1.00
002538	4	6.47	0.4	24.91	25	0	22.25	21.92	1	0.09	1.00
002539	0	3.44	1.9	38.94	38.94	1	22.94	21.87	7	0.00	1.00
002541	0	5.33	1.06	48.30	48.3	1	22.82	22.09	7	0.00	1.00
002553	1	11.26	0.1	49.37	49.37	1	20.46	20.37	7	0.00	1.00
002558	1	16.09	0.29	35.83	37.53	1	23.10	22.85	1	1.70	1.05
002560	0	0.8	0.5	43.50	43.5	1	21.65	21.25	6	0.00	1.00

续表

证券代码	QUIT	ROE	DEBT	CFR	CR	CEO	lnTSIZE	lnSIZE	AGE	DDa	DDb
002566	6	3.39	0.44	39.08	39.08	1	21.70	21.34	6	0.00	1.00
002571	1	3.37	0.3	42.24	42.24	1	21.39	21.13	6	0.00	1.00
002578	0	2.61	0.15	27.86	27.86	1	21.25	21.11	6	0.00	1.00
002582	4	3.31	0.58	30.59	30.59	1	22.35	21.90	6	0.00	1.00
002589	0	13.74	1.48	37.22	37.22	1	23.78	22.87	6	0.00	1.00
002594	0	7.76	1.8	18.96	18.96	1	25.81	24.78	6	0.00	1.00
002595	1	18.44	0.15	29.92	29.92	1	22.17	22.04	6	0.00	1.00
002600	0	23.87	1.29	18.46	18.46	1	23.35	22.52	6	0.00	1.00
002601	1	19.14	0.49	20.50	20.5	1	23.69	23.29	6	0.00	1.00
002606	7	6.87	0.62	21.06	21.06	1	21.08	20.60	1	0.00	1.00
002607	2	3.53	1.32	25.19	28.22	1	22.21	21.37	6	3.03	1.12
002613	0	-4.02	0.26	54.23	54.23	1	21.44	21.20	6	0.00	1.00
002615	1	14.05	0.99	48.40	48.4	1	21.17	20.48	6	0.00	1.00
002617	0	12.81	0.98	52.33	52.33	1	22.29	21.61	6	0.00	1.00
002620	3	6.51	0.75	40.38	41.4	1	22.10	21.53	6	1.02	1.03
002624	0	19.57	0.91	53.33	57.77	1	23.52	22.88	2	4.44	1.08
002626	3	20.26	0.38	33.57	35.34	1	21.89	21.57	6	1.77	1.05
002628	0	0.84	1.13	12.03	12.03	0	22.46	21.71	6	0.00	1.00
002630	2	6.06	2.83	23.05	23.05	1	23.24	21.90	6	0.00	1.00
002631	1	5.72	0.34	27.98	51	1	21.46	21.17	6	23.02	1.82
002634	1	7.12	0.23	37.50	37.5	1	20.84	20.63	6	0.00	1.00
002636	0	27.17	0.84	66.29	69.4	1	22.01	21.40	6	3.11	1.05
002638	3	-31.8	0.37	23.29	23.29	0	22.69	22.37	6	0.00	1.00
002639	0	-2.63	0.48	26.75	26.75	1	21.95	21.56	6	0.00	1.00
002646	0	-3.95	0.22	62.10	65.03	1	21.79	21.59	6	2.93	1.05
002650	0	7.96	0.43	42.30	42.3	1	21.78	21.42	6	0.00	1.00
002658	0	11.95	0.15	63.60	63.6	1	21.46	21.32	5	0.00	1.00

证券代码	QUIT	ROE	DEBT	CFR	CR	CEO	lnTSIZE	lnSIZE	AGE	DDa	DDb
002667	1	3.1	0.15	38.69	38.69	1	20.57	20.43	5	0.00	1.00
002676	7	-4.55	0.79	29.00	29	0	21.38	20.80	1	0.00	1.00
002690	1	17.38	0.2	61.45	61.45	1	21.65	21.47	5	0.00	1.00
002692	4	5.09	0.99	22.14	22.18	0	21.81	21.12	1	0.04	1.00
002693	2	1.1	0.93	51.00	51	1	20.96	20.30	5	0.00	1.00
002699	1	5.51	0.18	54.76	64.23	1	22.14	21.98	5	9.47	1.17
002715	6	1.91	0.49	12.91	12.91	1	20.37	19.97	4	0.00	1.00
002718	0	12.04	0.19	64.11	68.77	1	20.98	20.80	4	4.67	1.07
002723	2	1.19	0.61	39.30	40.41	0	20.77	20.29	4	1.11	1.03
002724	1	8.98	0.16	70.42	70.42	1	21.40	21.25	3	0.00	1.00
002726	3	10.31	0.25	36.61	53.96	0	21.61	21.39	3	17.35	1.47
002728	0	11.4	0.83	67.50	67.5	1	21.29	20.69	3	0.00	1.00
002731	1	4.81	1.27	21.99	36.95	1	21.67	20.85	3	14.96	1.68
002740	0	2.9	0.53	32.77	32.77	1	21.54	21.11	3	0.00	1.00
002745	0	12.06	1.9	67.71	68.71	1	23.52	22.46	3	1.00	1.01
002749	0	22.1	0.13	37.76	37.76	1	20.71	20.59	2	0.00	1.00
002753	1	21.73	0.32	34.20	34.2	1	21.07	20.79	2	0.00	1.00
002759	0	0.66	0.08	32.06	34.78	1	22.01	21.93	2	2.72	1.08
002761	1	3.51	0.4	50.85	50.85	1	20.65	20.31	2	0.00	1.00
002763	0	13.26	0.21	35.60	35.6	1	21.46	21.27	2	0.00	1.00
002770	0	7.85	0.71	44.61	44.69	1	21.73	21.20	2	0.08	1.00
002772	0	6.02	0.48	29.72	29.72	1	22.02	21.62	2	0.00	1.00
002775	0	18.25	0.78	43.00	43	1	21.61	21.04	2	0.00	1.00
002776	0	6.08	0.15	47.87	47.87	1	21.62	21.48	2	0.00	1.00
002778	0	5.02	0.19	37.68	37.68	1	20.39	20.22	2	0.00	1.00
002779	0	3.8	0.29	47.01	60.75	1	20.50	20.25	2	13.74	1.29
002781	3	8.78	1.3	26.23	49.31	1	22.10	21.27	2	23.08	1.88

续表

证券代码	QUIT	ROE	DEBT	CFR	CR	CEO	lnTSIZE	lnSIZE	AGE	DDa	DDb
002782	0	6.99	0.32	34.52	40.14	1	20.81	20.53	2	5.62	1.16
002789	0	8.1	1.92	45.27	45.27	1	21.91	20.84	2	0.00	1.00
002791	0	7.5	0.23	38.01	39.36	1	21.87	21.66	2	1.35	1.04
002793	1	16.17	0.18	39.14	40.61	1	20.57	20.40	1	1.47	1.04
002795	0	9.6	0.19	65.39	68.13	1	20.41	20.23	1	2.74	1.04
002800	2	9.53	0.66	27.69	49.29	1	20.39	19.89	1	21.60	1.78
002803	2	17.04	0.97	34.32	34.32	1	20.67	19.99	1	0.00	1.00
002805	1	6.83	0.19	43.54	43.54	1	20.30	20.13	1	0.00	1.00
002806	0	7.88	0.6	42.97	42.97	1	20.18	19.71	1	0.00	1.00
002808	0	5.72	0.13	51.70	51.7	1	20.21	20.09	1	0.00	1.00
002811	2	8.51	0.91	65.22	67.9	1	21.61	20.96	1	2.68	1.04
002813	0	3.8	1.15	67.97	67.97	1	21.08	20.31	1	0.00	1.00
002815	0	20.26	0.8	67.37	67.37	1	22.15	21.56	1	0.00	1.00
002817	0	7.18	0.11	44.02	44.02	1	20.39	20.29	1	0.00	1.00
002818	2	16.25	0.26	42.77	42.77	1	22.35	22.12	1	0.00	1.00
002826	2	10.46	0.19	26.87	30.5	1	20.35	20.18	1	3.63	1.14
002831	0	20.15	0.77	65.74	65.74	1	22.83	22.26	1	0.00	1.00
002832	0	13.24	0.18	45.26	46.5	1	21.19	21.03	1	1.24	1.03
002835	0	0.61	0.29	60.57	60.57	1	20.54	20.29	1	0.00	1.00
002836	0	11.69	0.31	64.77	64.77	1	20.10	19.83	1	0.00	1.00
002838	0	11.73	0.23	69.35	69.35	1	20.72	20.52	1	0.00	1.00
002842	1	9.53	0.7	57.75	57.75	1	20.84	20.31	1	0.00	1.00
300001	1	9.8	2.84	26.78	45.32	1	23.21	21.86	8	18.54	1.69
300002	2	2.35	0.37	13.10	13.1	1	22.67	22.35	8	0.00	1.00
300004	1	0.97	0.23	33.15	33.15	1	22.07	21.86	8	0.00	1.00
300006	0	3.36	0.54	28.66	28.66	1	21.68	21.25	8	5.62	1.00
300007	0	8.2	1.18	28.28	28.28	1	22.12	21.34	8	0.00	1.00

续表

证券代码	QUIT	ROE	DEBT	CFR	CR	CEO	lnTSIZE	lnSIZE	AGE	DDa	DDb
300020	1	4.59	0.84	13.97	24.68	0	22.45	21.84	8	10.71	1.77
300021	0	5.6	0.92	45.48	45.48	1	21.72	21.07	8	0.00	1.00
300022	0	−19.6	3.92	24.01	26.16	1	21.48	19.89	8	2.15	1.09
300023	3	2.79	4.85	48.22	48.22	1	22.61	20.84	8	0.00	1.00
300025	2	−16.4	2.41	11.71	11.71	0	21.83	20.61	8	0.00	1.00
300026	4	7.38	0.17	14.83	21.19	0	22.72	22.56	8	6.36	1.43
300028	2	−70	0.51	27.98	27.98	0	19.81	19.40	8	0.00	1.00
300030	1	1.17	0.68	25.46	25.46	1	21.20	20.68	8	0.00	1.00
300031	0	8.29	0.25	22.75	22.75	1	21.87	21.64	8	0.00	1.00
300033	0	24.68	0.35	36.00	36	1	22.15	21.84	8	0.00	1.00
300036	2	11.49	0.4	11.91	11.91	1	21.60	21.27	8	0.00	1.00
300042	0	6.28	0.05	21.63	21.63	0	20.66	20.61	8	0.00	1.00
300043	1	9.31	1.21	45.67	45.67	1	22.44	21.64	8	0.00	1.00
300053	3	5.85	0.31	18.37	18.37	1	21.70	21.42	8	0.00	1.00
300055	1	5.41	0.34	27.92	27.92	0	22.76	22.46	7	0.00	1.00
300057	0	3.38	0.83	41.90	41.9	1	22.35	21.74	8	0.00	1.00
300062	1	−8.35	1.13	56.45	56.45	1	21.38	20.62	7	0.00	1.00
300063	0	−15.1	0.7	23.50	23.5	1	22.01	21.48	7	0.00	1.00
300064	1	3.43	0.32	29.69	35.83	1	22.92	22.64	7	6.14	1.21
300065	0	8.33	0.28	22.38	29.76	1	21.42	21.18	7	7.38	1.33
300066	0	5.32	0.12	25.62	41.91	1	21.30	21.18	7	16.29	1.64
300069	6	3.47	0.65	28.04	28.04	1	20.57	20.07	7	0.00	1.00
300077	2	−17.8	0.14	4.38	4.38	0	21.87	21.74	2	0.00	1.00
300079	0	1.04	0.18	15.56	15.56	1	22.15	21.98	7	0.00	1.00
300089	0	4.1	0.45	36.41	36.41	1	21.67	21.31	7	0.00	1.00
300090	0	−29.5	1.82	13.69	13.69	1	23.27	22.24	7	0.00	1.00
300093	0	2.03	0.6	11.24	11.24	0	21.07	20.60	1	0.00	1.00

证券代码	QUIT	ROE	DEBT	CFR	CR	CEO	lnTSIZE	lnSIZE	AGE	DDa	DDb
300103	4	4.98	0.16	29.90	29.9	1	20.73	20.58	7	0.00	1.00
300110	0	2.54	0.83	16.67	26.46	1	21.76	21.15	1	9.79	1.59
300119	0	5.46	0.32	42.65	42.65	1	21.76	21.48	7	0.00	1.00
300121	0	27.16	1.01	38.97	38.97	1	21.14	20.44	7	0.00	1.00
300131	0	7.65	1.18	26.55	26.55	1	22.20	21.42	7	0.00	1.00
300134	2	-9.17	0.32	52.24	52.96	1	22.73	22.45	7	0.72	1.01
300137	1	12.19	0.24	13.86	13.86	1	21.39	21.18	7	0.00	1.00
300138	0	9.13	0.7	18.58	18.58	1	21.71	21.18	7	0.00	1.00
300139	1	-15.7	0.21	28.74	28.74	1	21.11	20.93	4	0.00	1.00
300147	1	1.92	1.28	36.61	36.98	1	22.88	22.05	7	0.37	1.01
300151	0	4.21	0.18	45.86	45.86	1	20.71	20.55	7	0.00	1.00
300157	2	-12.5	0.6	14.87	14.87	1	22.52	22.05	7	0.00	1.00
300159	0	6.65	0.39	15.50	15.5	1	22.86	22.53	7	0.00	1.00
300163	1	-3.93	0.55	36.49	36.49	1	20.84	20.40	7	0.00	1.00
300168	1	13.39	1.73	13.78	25.32	1	22.67	21.67	7	11.54	1.84
300172	1	10.26	0.57	28.98	28.98	1	21.35	20.90	7	0.00	1.00
300173	5	4.04	0.52	39.72	39.72	1	21.65	21.23	7	0.00	1.00
300185	0	4.25	0.79	13.76	13.76	1	22.98	22.40	7	0.00	1.00
300191	1	-1.44	0.08	47.08	47.08	1	20.97	20.89	6	0.00	1.00
300194	0	7.02	0.12	35.76	35.76	1	22.24	22.13	6	0.00	1.00
300198	2	4.37	0.59	25.96	25.96	1	21.75	21.29	6	0.00	1.00
300206	0	3.61	0.17	20.86	20.86	1	21.09	20.94	6	0.00	1.00
300210	2	4.35	0.74	43.94	43.94	0	21.52	20.97	6	0.00	1.00
300211	2	0.73	0.16	50.25	50.25	1	20.18	20.03	6	0.00	1.00
300217	0	4.51	0.39	39.00	39	1	21.77	21.44	6	0.00	1.00
300220	1	-16	0.38	50.42	50.42	0	19.83	19.51	6	0.00	1.00
300225	4	5.39	0.27	19.54	19.54	0	20.83	20.59	6	0.00	1.00

续表

证券代码	QUIT	ROE	DEBT	CFR	CR	CEO	lnTSIZE	lnSIZE	AGE	DDa	DDb
300231	1	18.45	0.77	26.54	26.54	1	20.90	20.33	6	0.00	1.00
300237	3	20.85	1.32	31.19	31.64	0	22.67	21.83	6	0.45	1.01
300239	0	3.1	0.25	35.24	35.24	1	20.62	20.40	6	0.00	1.00
300246	0	11.75	0.4	36.50	36.5	1	20.43	20.09	6	0.00	1.00
300247	1	2.91	0.23	17.56	17.56	1	21.81	21.60	6	0.00	1.00
300252	1	5.81	1.05	34.47	37.83	1	22.33	21.61	6	3.36	1.10
300257	0	3.06	0.6	52.36	62.34	1	22.43	21.96	6	9.99	1.19
300265	2	4.6	1.15	25.87	55.19	0	21.45	20.68	6	29.32	2.13
300273	2	3.92	1.02	38.06	38.06	1	22.35	21.64	6	0.00	1.00
300279	2	4.67	0.76	21.56	21.56	1	21.83	21.26	6	0.00	1.00
300280	2	0.71	0.49	13.09	26.17	1	20.67	20.27	1	13.08	2.00
300288	2	8.32	0.18	36.25	36.25	1	21.09	20.93	6	0.00	1.00
300292	1	8.53	0.3	27.11	30.53	1	21.96	21.70	5	3.42	1.13
300300	5	3.83	0.6	55.35	55.35	0	21.97	21.50	5	0.00	1.00
300313	3	2.05	1.03	34.37	35.07	1	20.47	19.76	5	0.70	1.02
300314	0	6.17	0.12	66.06	66.06	1	20.56	20.45	5	0.00	1.00
300318	0	2.7	0.54	51.33	51.33	0	21.61	21.17	6	0.00	1.00
300320	1	15.91	0.6	34.07	34.07	1	21.08	20.61	5	0.00	1.00
300321	0	4.19	0.2	25.87	32.86	1	20.37	20.19	5	6.99	1.27
300343	0	8.88	0.32	23.66	23.66	1	22.44	22.16	5	0.00	1.00
300353	0	5.84	0.29	34.09	34.09	1	21.75	21.50	5	0.00	1.00
300370	1	8.08	1.44	22.94	22.94	1	21.99	21.10	4	0.00	1.00
300373	0	12.5	0.34	43.16	57.99	1	21.78	21.49	4	14.83	1.34
300374	1	8.3	0.68	39.67	39.67	1	21.37	20.85	3	0.00	1.00
300390	2	3.84	0.23	44.16	44.16	1	20.75	20.54	3	0.00	1.00
300394	0	14.39	0.07	48.57	49.83	1	20.49	20.43	2	1.26	1.03
300396	3	14.44	0.33	36.29	60.5	1	21.34	21.06	3	24.21	1.67

续表

证券代码	QUIT	ROE	DEBT	CFR	CR	CEO	lnTSIZE	lnSIZE	AGE	DDa	DDb
300399	0	−5.88	0.2	40.24	40.24	1	20.06	19.89	3	0.00	1.00
300400	1	17.43	0.4	34.05	34.05	1	20.29	19.95	3	0.00	1.00
300405	1	2.43	0.87	43.46	43.46	1	21.28	20.66	3	0.00	1.00
300409	0	12.41	0.8	37.03	37.03	1	21.74	21.15	3	0.00	1.00
300419	1	4	0.21	22.28	22.28	1	21.30	21.11	3	0.00	1.00
300429	0	12.52	0.14	49.31	49.31	1	20.89	20.76	3	0.00	1.00
300431	5	5.97	1.96	21.18	21.18	1	21.74	20.65	2	0.00	1.00
300432	1	10.36	0.33	31.02	39.42	0	22.33	22.05	2	8.40	1.27
300437	1	9.47	0.78	43.64	43.64	1	21.55	20.97	2	0.00	1.00
300443	0	9.63	0.11	43.13	43.13	1	21.27	21.17	2	0.00	1.00
300452	2	11.96	0.31	26.69	26.69	1	20.20	19.93	2	0.00	1.00
300453	0	7.54	0.14	37.05	37.05	1	20.29	20.16	2	0.00	1.00
300460	1	3.46	0.47	35.19	38.25	1	20.72	20.33	2	3.06	1.09
300462	0	7.93	0.38	38.76	38.76	1	20.49	20.16	2	0.00	1.00
300469	0	8.16	1.32	53.16	53.16	1	20.76	19.92	2	0.00	1.00
300475	1	7.49	0.26	47.31	47.31	1	21.12	20.89	2	0.00	1.00
300478	1	7.98	0.84	51.98	63.75	1	20.72	20.10	2	11.78	1.23
300479	0	4.22	0.27	16.20	36	1	20.10	19.86	2	19.80	2.22
300487	0	12.19	0.27	38.98	38.98	1	20.70	20.46	2	0.00	1.00
300489	5	2.71	0.4	27.33	27.33	1	20.28	19.95	2	0.00	1.00
300493	0	11.26	1.13	45.36	46.32	1	20.76	20.01	2	0.96	1.02
300494	0	9.21	0.05	38.40	38.4	1	20.71	20.65	2	0.00	1.00
300501	0	11.24	0.13	61.20	63.76	1	20.36	20.24	2	2.56	1.04
300505	1	9.43	0.31	44.32	44.32	1	20.55	20.28	1	0.00	1.00
300506	3	26.06	0.91	50.63	50.63	1	20.96	20.31	2	0.00	1.00
300509	1	10.04	1	63.00	66	1	20.89	20.20	1	3.00	1.05
300512	0	13.55	0.51	63.82	68.52	1	21.45	21.04	1	4.70	1.07

证券代码	QUIT	ROE	DEBT	CFR	CR	CEO	lnTSIZE	lnSIZE	AGE	DDa	DDb
300513	0	6.61	0.35	34.97	34.97	1	20.52	20.22	1	0.00	1.00
300515	0	5.3	0.19	31.05	34.5	1	20.10	19.92	1	3.45	1.11
300517	6	5.7	0.66	55.24	55.24	1	20.73	20.22	1	0.00	1.00
300518	0	5.9	0.21	44.76	44.76	1	20.99	20.79	1	0.00	1.00
300519	0	15.71	0.1	38.25	38.25	1	20.42	20.33	1	0.00	1.00
300522	1	9.31	0.08	49.70	49.7	1	20.24	20.16	1	0.00	1.00
300530	0	11.24	0.08	60.40	60.4	1	20.08	20.01	1	0.00	1.00
300533	0	6.48	0.15	43.84	43.84	1	21.27	21.13	1	0.00	1.00
300539	1	8.62	0.74	69.18	69.18	1	20.27	19.72	1	0.00	1.00
300540	0	3.01	0.43	13.39	13.39	1	20.66	20.30	1	0.00	1.00
300541	1	5.87	0.66	6.71	6.71	0	20.91	20.40	1	0.00	1.00
300543	0	12.39	0.61	36.12	36.12	1	20.74	20.27	1	0.00	1.00
300549	0	16.18	0.44	35.40	35.4	1	20.33	19.96	1	0.00	1.00
300551	1	2.87	0.34	38.92	38.92	1	20.36	20.07	1	0.00	1.00
300553	2	6.97	0.09	23.03	24.63	1	19.67	19.58	1	1.60	1.07
300555	0	7.3	0.3	14.12	18.83	1	20.51	20.25	1	4.71	1.33
300556	3	5.77	0.36	30.06	30.06	1	20.19	19.88	1	0.00	1.00
300559	0	11.98	0.11	34.08	34.08	1	20.37	20.26	1	0.00	1.00
300562	2	3.52	0.39	45.50	45.5	1	20.38	20.05	1	0.00	1.00
300569	0	5.81	0.37	30.00	30	1	21.55	21.24	1	0.00	1.00
300571	0	33.11	0.59	37.53	42.55	1	20.07	19.61	1	5.02	1.13
300573	2	7.36	0.3	31.71	31.71	1	20.37	20.10	1	0.00	1.00
300575	3	12.28	0.65	36.10	36.1	1	21.18	20.68	1	0.00	1.00
300581	1	9.02	0.26	48.66	65.27	1	20.34	20.10	1	16.61	1.34
300585	1	13.55	0.38	36.35	36.35	1	20.22	19.90	1	0.00	1.00
300586	1	9.63	0.32	39.04	39.04	1	20.44	20.16	1	0.00	1.00
300587	1	8.75	0.17	43.09	43.09	1	20.69	20.53	1	0.00	1.00

续表

证券代码	QUIT	ROE	DEBT	CFR	CR	CEO	lnTSIZE	lnSIZE	AGE	DDa	DDb
300588	4	22.36	1.49	48.35	54.89	1	20.57	19.65	1	6.53	1.14
300600	1	12.99	0.26	71.61	71.78	1	20.60	20.37	1	0.17	1.00
600051	0	22.07	2.11	18.47	29.08	1	22.73	21.60	7	10.61	1.57
600077	1	4.25	2.54	44.75	44.75	1	23.33	22.07	7	0.00	1.00
600078	0	3.17	2.67	13.15	25.78	1	22.75	21.45	16	12.63	1.96
600080	0	4.88	0.31	14.55	25.55	1	21.08	20.82	16	11.00	1.76
600086	1	7.44	2.49	42.22	53.5	1	23.12	21.86	13	11.28	1.27
600091	0	0.63	0.38	3.61	29	0	20.93	20.61	16	25.39	8.03
600107	1	0.85	1.04	10.38	20.39	0	20.90	20.18	1	10.01	1.96
600112	2	1.698	1.37	9.59	18.34	0	21.73	20.87	13	8.75	1.91
600139	4	-83.8	3.38	40.44	40.46	0	22.43	20.95	10	0.02	1.00
600143	0	8.62	1.07	18.79	18.79	1	23.74	23.01	13	0.00	1.00
600165	3	4.598	1.94	28.32	29.2	0	21.76	20.68	2	0.88	1.03
600173	0	17.46	1.66	34.48	44.49	1	22.32	21.34	10	10.01	1.29
600175	3	0.54	0.53	39.59	42.25	1	23.57	23.14	14	2.66	1.07
600177	0	1.23	1.76	31.43	31.81	1	24.90	23.89	13	0.38	1.01
600191	0	0.54	0.16	17.43	54.32	0	21.67	21.52	4	36.89	3.12
600209	0	-7.11	0.23	21.01	25.04	0	20.59	20.39	16	4.03	1.19
600232	1	2.16	0.44	23.43	46.87	1	21.27	20.90	5	23.44	2.00
600237	3	1.116	0.65	16.76	16.76	0	21.46	20.96	10	0.00	1.00
600247	6	-181	18.1	5.21	7.67	0	20.64	17.69	3	2.46	1.47
600256	2	5.769	2.23	27.94	43.92	0	24.51	23.34	16	15.99	1.57
600261	0	12.44	0.79	42.21	42.21	1	22.53	21.95	16	0.00	1.00
600275	0	2.838	1.23	20.75	20.77	0	19.61	18.80	10	0.02	1.00
600276	3	23.28	0.12	21.69	24.31	1	23.51	23.39	16	2.62	1.12
600280	0	13.09	8.34	56.01	56.01	1	23.56	21.32	12	0.00	1.00
600285	0	10.18	0.46	10.99	24.65	1	21.87	21.49	6	13.66	2.24

续表

证券代码	QUIT	ROE	DEBT	CFR	CR	CEO	lnTSIZE	lnSIZE	AGE	DDa	DDb
600288	0	2.29	0.64	29.75	29.75	0	21.86	21.36	3	0.00	1.00
600289	2	−125	0.81	30.32	32.89	0	21.99	21.40	16	2.57	1.08
600293	1	11.31	0.86	25.45	28.09	1	22.63	22.01	6	2.64	1.10
600306	4	76.21	14.2	20.03	24.22	0	21.23	18.51	3	4.19	1.21
600308	1	9.864	1.07	14.26	35.64	1	23.40	22.67	11	21.38	2.50
600311	0	0.31	0.15	8.23	16.37	0	20.67	20.54	15	8.14	1.99
600346	0	26.71	1.94	74.55	74.55	1	23.70	22.62	1	0.00	1.00
600353	3	2.58	0.36	27.41	27.91	0	21.23	20.92	12	0.50	1.02
600355	0	−15.6	0.45	12.19	12.19	1	20.12	19.75	15	0.00	1.00
600370	2	3.51	0.16	7.00	27.1	0	21.27	21.12	11	20.10	3.87
600385	1	−8.94	1.48	14.98	18.73	0	18.98	18.07	15	3.75	1.25
600401	6	−1	5.76	6.61	6.61	0	23.52	21.61	2	0.00	1.00
600408	0	34.21	5.9	31.57	31.57	0	22.51	20.58	14	0.00	1.00
600421	0	−180	1.92	21.59	21.59	0	17.89	16.82	1	0.00	1.00
600422	4	9.15	0.59	16.51	30.27	1	22.49	22.03	15	13.76	1.83
600438	1	16.07	0.84	41.96	52.45	1	23.88	23.27	14	10.49	1.25
600467	1	1.78	0.86	17.06	40.69	1	22.44	21.82	13	23.63	2.38
600477	0	30.53	1.49	43.65	43.65	1	22.61	21.70	13	0.00	1.00
600485	2	−16.3	0.95	34.58	34.58	1	23.80	23.14	3	0.00	1.00
600507	0	67.67	1.11	63.12	63.51	0	22.87	22.12	8	0.39	1.01
600568	1	2.85	0.19	16.39	29.52	1	22.70	22.53	10	13.13	1.80
600570	1	17.54	0.79	15.84	20.72	0	22.37	21.79	3	4.88	1.31
600577	0	12.05	0.59	23.30	24.62	0	22.40	21.94	12	1.32	1.06
600589	0	4.44	0.8	30.89	30.89	1	22.42	21.83	16	0.00	1.00
600594	0	9.483	0.54	23.15	23.15	1	22.65	22.22	13	0.00	1.00
600599	0	2.79	0.68	35.99	44.59	0	20.93	20.41	11	8.60	1.24
600605	0	4.995	0.98	29.55	32.83	1	20.94	20.25	11	3.28	1.11

续表

证券代码	QUIT	ROE	DEBT	CFR	CR	CEO	lnTSIZE	lnSIZE	AGE	DDa	DDb
600613	1	5.35	0.23	41.07	41.07	1	21.84	21.63	12	0.00	1.00
600620	0	2.29	0.25	15.05	25.08	1	21.87	21.65	6	10.03	1.67
600645	6	−1.23	0.77	11.56	21.1	1	21.82	21.25	16	9.54	1.82
600666	3	2.1	1.57	31.83	31.83	1	22.63	21.69	2	0.00	1.00
600671	1	12.91	3.51	24.63	24.63	1	19.73	18.22	2	0.00	1.00
600693	0	12.14	1.76	45.62	45.62	1	22.57	21.55	4	0.00	1.00
600745	5	9.49	1.71	29.97	29.97	1	23.20	22.20	1	0.00	1.00
600747	3	1.59	0.24	30.93	35.51	0	21.62	21.40	6	4.58	1.15
600759	3	−4.22	1.86	29.38	29.38	0	23.55	22.50	4	0.00	1.00
600763	1	23.39	0.54	26.34	33.75	1	21.16	20.72	12	7.41	1.28
600766	2	5.01	2.02	28.83	28.83	0	18.91	17.80	11	0.00	1.00
600778	3	−50.8	4.81	5.49	19.57	0	22.45	20.69	2	14.08	3.57
600811	0	3.9	1.75	26.86	28.56	0	24.59	23.58	16	1.70	1.06
600816	0	25.23	0.31	39.28	52.44	0	23.82	23.55	14	13.16	1.34
600817	14	−1.56	0.34	25.88	25.88	0	18.96	18.67	1	0.00	1.00
600823	0	10.64	1.65	39.99	68.14	1	25.19	24.22	16	28.15	1.70
600883	0	6.06	0.08	16.46	17.15	0	20.38	20.30	16	0.69	1.04
600885	1	17.91	0.44	3.86	11.24	1	22.68	22.31	5	7.38	2.91
600976	3	8.62	0.74	13.70	25.15	0	21.35	20.79	11	11.45	1.84
601021	1	16	1.55	24.77	68.2	1	23.73	22.79	3	43.43	2.75
601137	0	9.49	0.5	37.80	46.66	1	22.30	21.89	7	8.86	1.23
601163	1	6.1	0.75	24.16	60.3	1	23.36	22.79	1	36.14	2.50
601216	1	14.63	0.37	37.30	53.36	0	23.73	23.42	6	16.06	1.43
601313	0	4.05	0.56	29.57	29.57	1	21.72	21.28	6	0.00	1.00
601515	0	17.5	0.49	64.05	64.05	0	22.47	22.07	6	0.00	1.00
601566	0	10.2	0.22	53.73	53.73	1	22.51	22.31	6	0.00	1.00
601579	1	6.14	0.29	10.19	37.32	0	22.07	21.82	3	27.13	3.66

续表

证券代码	QUIT	ROE	DEBT	CFR	CR	CEO	lnTSIZE	lnSIZE	AGE	DDa	DDb
601616	1	0.86	0.15	16.71	16.71	0	21.74	21.60	7	0.00	1.00
601633	0	10.48	1.1	34.94	56.04	1	25.34	24.60	6	21.10	1.60
601700	0	4.59	0.57	56.58	56.58	1	22.28	21.83	7	0.00	1.00
601799	0	12.09	0.52	57.29	57.29	1	22.50	22.08	7	0.00	1.00
601996	3	6.56	0.22	48.61	48.61	0	21.54	21.34	6	0.00	1.00
603001	1	5.54	0.33	44.56	47.83	1	22.42	22.13	5	3.27	1.07
603003	2	1.42	0.37	30.69	30.69	1	22.49	22.17	5	0.00	1.00
603007	5	18.78	1.17	37.43	41.7	1	21.45	20.67	1	4.27	1.11
603011	0	2.5	0.25	33.01	33.01	1	21.47	21.25	3	0.00	1.00
603012	1	5.83	0.45	14.73	33.41	1	22.03	21.66	3	18.68	2.27
603020	0	7.74	0.12	35.38	35.38	1	21.50	21.39	3	0.00	1.00
603021	0	1.96	1.1	35.04	35.04	1	21.79	21.05	2	0.00	1.00
603022	1	4.28	0.28	62.17	62.54	1	20.43	20.19	2	0.38	1.01
603023	1	12.57	0.1	45.22	45.22	1	20.21	20.12	2	0.00	1.00
603028	1	3.53	0.35	19.35	28.91	1	20.64	20.34	1	9.56	1.49
603033	0	5.14	0.19	49.51	49.51	1	21.01	20.84	1	0.00	1.00
603035	4	10.52	0.45	38.49	38.49	1	21.87	21.50	1	0.00	1.00
603036	2	3.76	0.09	14.79	14.79	1	20.78	20.70	1	0.00	1.00
603058	1	11.46	0.1	45.90	45.9	1	20.62	20.52	1	0.00	1.00
603067	3	9.26	0.1	49.48	49.48	1	20.89	20.80	1	0.00	1.00
603085	2	7.36	0.37	59.09	62.72	1	20.99	20.67	2	3.63	1.06
603098	2	12.36	0.6	57.43	57.43	1	21.69	21.22	1	0.00	1.00
603101	3	8.17	0.83	62.39	62.39	1	21.55	20.95	1	0.00	1.00
603108	1	9.98	1.26	27.55	28.62	1	22.45	21.63	2	1.07	1.04
603117	0	4.64	1.02	29.93	39.06	1	22.28	21.57	2	9.13	1.31
603131	1	10.79	0.32	71.01	74.65	1	20.56	20.28	1	3.64	1.05
603159	0	11.64	0.34	61.79	61.79	1	20.07	19.78	1	0.00	1.00

续表

证券代码	QUIT	ROE	DEBT	CFR	CR	CEO	lnTSIZE	lnSIZE	AGE	DDa	DDb
603186	1	16.18	1.71	23.42	43.01	0	21.18	20.18	1	19.59	1.84
603189	1	4.68	0.06	43.24	43.71	0	20.56	20.50	1	0.47	1.01
603223	0	9.41	0.51	34.17	34.17	1	20.80	20.39	2	0.00	1.00
603239	2	18.36	0.24	47.21	47.21	1	20.87	20.66	1	0.00	1.00
603298	1	14.25	0.34	34.15	44.72	0	22.31	22.02	1	10.57	1.31
603308	4	2.16	1.3	13.88	32.4	1	22.61	21.78	4	18.52	2.33
603309	1	7.38	0.12	37.39	37.39	1	20.71	20.60	2	0.00	1.00
603311	2	11.64	0.24	50.70	50.7	1	20.59	20.38	2	0.00	1.00
603319	0	17.1	0.6	20.68	20.68	1	20.76	20.29	1	0.00	1.00
603322	0	4.42	1.41	46.43	46.43	1	20.88	20.00	1	0.00	1.00
603336	3	8.36	0.04	59.78	59.78	1	20.49	20.45	1	0.00	1.00
603355	0	11.77	0.65	78.54	79.65	1	22.36	21.86	2	1.11	1.01
603366	1	1.47	0.52	55.19	60.5	1	22.48	22.05	5	5.31	1.10
603368	0	12.04	1.03	27.86	27.86	1	22.66	21.95	3	0.00	1.00
603393	0	14.29	0.18	35.78	35.78	1	21.51	21.35	1	0.00	1.00
603416	4	14.1	0.17	35.10	35.1	1	20.75	20.59	1	0.00	1.00
603519	1	11.9	0.31	44.81	44.81	1	20.65	20.37	2	0.00	1.00
603566	0	7.56	0.16	33.24	33.24	1	21.29	21.15	1	0.00	1.00
603577	0	5.58	0.78	50.03	50.03	1	21.15	20.58	1	0.00	1.00
603585	1	15.71	0.12	45.55	50	1	21.40	21.29	1	4.45	1.10
603598	1	10.64	1.25	62.34	62.34	1	21.11	20.29	2	0.00	1.00
603601	1	9.95	0.48	44.75	44.75	1	21.26	20.87	3	0.00	1.00
603633	0	7.21	0.56	28.84	28.84	0	20.79	20.35	1	0.00	1.00
603658	1	26.32	0.2	25.74	38.14	1	21.42	21.23	1	12.40	1.48
603660	1	21.46	0.37	26.49	26.49	1	21.27	20.96	1	0.00	1.00
603678	0	9.8	0.27	46.86	46.86	1	21.86	21.62	3	0.00	1.00
603688	3	8.67	0.06	55.64	63.86	1	21.01	20.94	3	8.22	1.15

续表

证券代码	QUIT	ROE	DEBT	CFR	CR	CEO	lnTSIZE	lnSIZE	AGE	DDa	DDb
603696	1	5.81	0.06	71.25	71.25	1	20.44	20.38	2	0.00	1.00
603703	0	3.89	0.81	52.57	52.57	1	20.77	20.18	2	0.00	1.00
603708	0	13.07	1.55	29.61	44.56	1	22.54	21.60	1	14.95	1.50
603726	0	14.52	0.53	57.53	57.53	1	20.90	20.48	1	0.00	1.00
603727	0	4.57	0.3	46.07	58.4	1	21.86	21.60	1	12.33	1.27
603798	0	14.85	0.21	28.66	57.31	1	20.70	20.51	1	28.66	2.00
603806	1	12.03	0.13	77.59	77.59	1	22.45	22.32	3	0.00	1.00
603822	0	7.83	0.68	42.53	44.65	1	20.88	20.36	1	2.12	1.05
603823	2	10.92	0.5	35.03	52.8	1	21.43	21.03	1	17.78	1.51
603858	0	12.81	0.46	49.79	49.79	1	23.66	23.29	1	0.00	1.00
603868	1	38.42	0.37	88.37	89.99	1	21.83	21.52	1	1.62	1.02
603885	0	16.3	1.28	23.41	38.83	1	23.66	22.83	2	15.42	1.66
603886	2	18.19	0.64	44.00	49.5	1	21.35	20.86	1	5.49	1.12
603901	0	7.17	1.18	58.71	61.57	1	21.43	20.65	2	2.86	1.05
603936	1	6.78	1.23	47.27	47.27	1	21.49	20.68	2	0.00	1.00
603939	0	10.23	0.46	30.88	45.22	1	22.23	21.85	2	14.34	1.46
603987	9	10.05	0.23	26.15	39.74	0	21.18	20.97	1	13.59	1.52
603988	0	5.05	0.33	72.00	72	1	20.59	20.30	3	0.00	1.00
603989	0	16.32	0.25	43.48	65.06	1	21.56	21.34	2	21.58	1.50
603997	2	18.11	0.25	72.85	72.85	1	21.45	21.23	3	0.00	1.00

参 考 文 献

[1] 于东智. 股权结构、治理效率与公司绩效 [J]. 中国工业经济, 2001 (5): 54 – 62.

[2] 于东智. 资本结构、债权治理与公司绩效: 一项经验分析 [J]. 中国工业经济, 2003 (1): 87 – 94.

[3] 王永海, 张文生. 终极控制权与财务风险: 来自沪市的经验证据 [J]. 经济管理, 2008 (Z2): 117 – 123.

[4] 王光映. 企业绩效评估方法综述 [J]. 科技和产业, 2005 (1): 45 – 47.

[5] 王克敏, 陈井勇. 股权结构、投资者保护与公司绩效 [J]. 管理世界, 2004 (7): 133 – 139 + 154。

[6] 王希胜. 终极控制人、负债融资与公司绩效 [D]. 南京: 南京航空航天大学, 2016.

[7] 王明琳. 上市家族企业委托代理问题研究 [D]. 杭州: 浙江大学, 2006.

[8] 王明琳, 周生春. 控制性家族类型、双重三层委托代理问题与企业价值 [J]. 管理世界, 2006 (8): 83 – 93.

[9] 王重鸣, 刘学方. 高管团队内聚力对家族企业继承绩效影响实证研究 [J]. 管理世界, 2007 (10): 84 – 98.

[10] 王悦亨. 科技型中小企业股东人力资本、股权结构与企业绩效研究 [D]. 北京: 清华大学, 2017.

[11] 王鹏, 周黎安. 控股股东的控制权、所有权与公司绩效: 基于中国上市公司的证据 [J]. 金融研究, 2006 (2):

88 – 98.

[12] 牛建波，李胜楠．控股股东两权偏离、董事会行为与企业价值：基于中国民营上市公司面板资料的比较研究 [J]．南开管理评论，2007（2）：33 – 39.

[13] 毛世平，吴敬学．金字塔结构控制与公司价值——来自于中国资本市场的经验证据 [J]．经济管理，2008（14）：36 – 46.

[14] 布雷尔．所有权与控制：面向 21 世纪的公司治理 [M]．北京：中国社会科学出版社，1998.

[15] 朱红军．大股东变更与高级管理人员变更：经营业绩的作用 [J]．会计研究，2002（9）：31 – 40.

[16] 向朝进，谢明．我国上市公司绩效与公司治理结构关系的实证分析 [J]．管理世界，2003（5）：118 – 125.

[17] 李志平，刘世奎．家族企业中的家族成员退出 [J]．经济管理，2007（3）：51 – 54.

[18] 李坤鹏．高管团队稳定性、产权性质与企业社会责任 [J]．财会月刊，2018，830（10）：44 – 51.

[19] 李善民，曾昭灶．控制权转移的背景与控制权转移公司的特征研究 [J]．经济研究，2003（11）：54 – 64 + 92.

[20] 李善民，刘英，陈涛．家族管理与企业生产率 [J]．管理科学，2009（2）：26 – 33.

[21] 李新春．经理人市场失灵与家族企业治理 [J]．管理世界，2003（4）：87 – 95.

[22] 李新春，苏晓华．总经理继任：西方的理论和我国的实践 [J]．管理世界，2001（4）：145 – 152.

[23] 李源．股权结构、利益相关者行为与代理成本 [D]．广州：暨南大学，2006.

[24] 李维安，李汉军．股权结构、高管持股与公司绩效——来自民营上市公司的证据 [J]．南开管理评论，2006，9

(5)：4 – 10.

[25] 李增泉. 激励机制与企业绩效——一项基于上市公司的实证研究 [J]. 会计研究, 2000 (1)：23 – 29.

[26] 肖作平. 上市公司资本结构与公司绩效互动关系实证研究 [J]. 管理科学, 2005, 18 (3)：16 – 22.

[27] 肖作平. 终极控制股东对债务期限结构选择的影响：来自中国上市公司的经验证据 [J]. 南开管理评论, 2011 (6)：27 – 37.

[28] 吕荣杰, 张文文, 吴超. 股权性质、高管变更与团队稳定性——来自我国上市公司的资料 [J]. 财会通讯, 2017(6)：62 – 65.

[29] 吴清华, 田高良. 终极产权、控制方式与审计委员会治理需求——一项基于中国上市公司的实证研究 [J]. 管理世界, 2008 (9)：130 – 144, 194.

[30] 吴联生, 白云霞. 公司价值、资产收购与控制权转移方式 [J]. 管理世界, 2004 (9)：129 – 136, 162.

[31] 何浚. 上市公司治理结构的实证分析 [J]. 经济研究, 1998 (5)：50 – 57.

[32] 余镜怀, 胡洁. 上市公司股权结构与公司绩效关系的实证分析 [J]. 管理世界, 2007, 29 (3)：99 – 107.

[33] 谷祺, 邓德强, 路倩. 现金流权与控制权分离下的公司价值——基于我国家族上市公司的实证研究 [J]. 会计研究, 2006 (4)：32 – 38, 96.

[34] 沈炳珍, 熊芳. 民营上市公司终极控制权与公司绩效关系的实证分析 [J]. 经济论坛, 2011 (1)：191 – 195.

[35] 沈艺峰, 况学文, 聂亚娟. 终极控股股东超额控制与现金持有量价值的实证研究 [J]. 南开管理评论, 2008 (1)：17 – 25, 40.

[36] 宋巨生. 终极控制权结构对企业投融资行为及其绩效

影响的研究［D］. 上海：华东师范大学，2016.

［37］宋春霞. 上市公司终极控制人"两权分离度"概念解读［J］. 财会月刊，2007（2）：26－28.

［38］武立东，张云，何力武. 民营上市公司集团治理与终极控制人侵占效应分析［J］. 南开管理评论，2007，10（4）：58－66.

［39］林光彬，张掇. 管理报酬、公司规模与绩效理论综述［J］. 当代财经，2008（6）：125－128.

［40］林浚清，黄祖辉，孙永祥. 高管团队内薪酬差距、公司绩效和治理结构［J］. 经济研究，2003（4）：31－40，92.

［41］周姝. 控制权和现金流权分离框架下民营上市公司债务期限研究［D］. 重庆：重庆大学，2010.

［42］胡天存. 公司所有权与控制权的理论与实证研究［D］. 广州：暨南大学，2004.

［43］胡宏伟. 上市公司终极控制权配置与经营绩效关系研究［D］. 武汉：武汉大学，2014.

［44］柯江林，孙健敏，张必武. 我国上市公司高管团队成员的离职原因——基于人口特征差距的解释及经验研究［J］. 经济管理，2006（23）：55－60.

［45］哈特. 企业、合同与财务结构［M］. 上海：上海人民出版社，2006.

［46］施东晖. 上市公司控制权价值的实证研究［J］. 经济科学，2003，25（6）：83－89.

［47］马磊，徐向艺. 两权分离度与公司治理绩效实证研究［J］. 中国工业经济，2010（12）：110－118.

［48］夏纪军，张晏. 控制权与激励的冲突——兼对股权激励有效性的实证分析［J］. 经济研究，2008（3）：89－100.

［49］徐二明，王智慧. 我国上市公司治理结构与战略绩效的相关性研究［J］. 南开管理评论，2000（4）：5－15.

［50］徐向艺，王俊韡．控制权转移、股权结构与目标公司绩效——来自深、沪上市公司 2001 - 2009 的经验资料［J］．中国工业经济，2011（8）：91 - 100.

［51］徐郑锋．家族控制、公司治理与企业价值［D］．广州：暨南大学，2008.

［52］徐晓东，陈小悦．第一大股东对公司治理、企业业绩的影响分析［J］．经济研究，2003（2）：64 - 74.

［53］高楠，马连福．股权制衡、两权特征与公司价值——基于中国民营上市公司的实证研究［J］．经济与管理研究，2011（11）：24 - 29.

［54］高燕．所有权结构、终极控制人与盈余管理［J］．审计研究，2008（6）：61 - 72.

［55］郭婧．政府干预、终极股权结构与公司治理绩效［D］．太原：山西财经大学，2017.

［56］唐跃军，宋渊洋，金立印，左晶晶．控股股东卷入、两权偏离与营销战略风格——基于第二类代理问题和终极控制权理论的视角［J］．管理世界，2012（2）：88 - 101.

［57］陆正飞，辛宇．上市公司资本结构主要影响因素之实证研究［J］．会计研究，1998（8）：36 - 39.

［58］陈希晖．关联交易中终极股东利益输送行为研究［D］．南京：东南大学，2015.

［59］陈德球，杨佳欣，董志勇．家族控制、职业化经营与公司治理效率——来自 CEO 变更的经验证据［J］．南开管理评论，2013，16（4）：55 - 67.

［60］陈德萍，陈永圣．股权集中度、股权制衡度与公司绩效关系研究——2007 ~ 2009 年中小企业板块的实证检验［J］．会计研究，2007（1）：40 - 45.

［61］陈璐，杨百寅，井润田，刘璞．高层管理团队内部社会资本、团队冲突和决策效果的关系——研究综述与理论分析框

架［J］. 南开管理评论，2009（6）：42-50.

　［62］孙永祥，章融. 董事会规模、公司治理与绩效［J］. 企业经济，2000（10）：13-15.

　［63］孙健. 终极控制权与资本结构的选择——来自沪市的经验证据［J］. 管理科学，2008（2）：20-27.

　［64］曹廷求，杨秀丽，孙宇光. 股权结构与公司绩效：度量方法和内生性［J］. 经济研究，2007（10）：127-138.

　［65］许永斌，郑金芳. 中国民营上市公司家族控制权特征与公司绩效实证研究［J］. 会计研究，2007（11）：50-57.

　［66］许静静，吕长江. 家族企业高管性质与盈余质量——来自中国上市公司的证据［J］. 管理世界，2011（1）：120-128.

　［67］康清妹. 终极控制人、股权集中度与公司绩效［D］. 厦门：厦门大学，2006.

　［68］梁强，周莉，宋丽红. 家族内部继任、外部资源依赖与国际化［J］. 管理学报，2016，13（4）：524-532.

　［69］张必武，石金涛. 总经理更换与高管团队的稳定性研究——来自中国上市公司的经验证据［J］. 财经研究，2006（1）：123-134.

　［70］张宗益，宋增基. 上市公司股权结构与公司绩效实证研究［J］. 数量经济技术经济研究，2003（1）：130-134.

　［71］张俊喜，张华. 民营上市公司的经营绩效、市场价值和治理结构［J］. 世界经济，2004（11）：3-15，80.

　［72］张俊瑞，赵进文，张建. 高级管理层激励与上市公司经营绩效相关性的实证分析［J］. 会计研究，2003（9）：29-34.

　［73］张红军. 中国上市公司股权结构与公司绩效的理论及实证分析［J］. 经济科学，2000（4）：35-45.

　［74］张宁. 终极股权结构、代理问题和公司业绩研究——基

于农业上市公司的经验数据［D］.西安：西北农林科技大学，2015.

［75］张翼，李辰.股权结构、现金流与资本投资［J］.经济学（季刊），2005（4）：233-250.

［76］张耀伟.终极控制股东两权偏离与企业绩效：公司治理的中介作用［J］.管理科学，2009（3）：11-18.

［77］叶勇，胡培，何伟.上市公司终极控制权、股权结构及公司绩效［J］.管理科学，2005，18（2）：58-64.

［78］叶康涛.公司控制权的隐性收益——来自中国非流通股转让市场的研究［J］.经济科学，2003，25（5）：61-69.

［79］邹平，付莹.我国上市公司控制权与现金流权分离——理论研究与实证检验［J］.财经研究，2007（9）：136-144.

［80］邹怿.金字塔控制结构特征对终极控制股东行为的影响研究［D］.沈阳：东北大学，2010.

［81］冯旭南.债务融资和掠夺——来自中国家族上市公司的证据［J］.经济学（季刊），2012（3）：144-169.

［82］冯旭南，李心愉.终极所有权和控制权的分离：来自中国上市公司的证据［J］.经济科学，2009（2）：86-99.

［83］蒲自立，刘芳佳.公司控制中的董事会领导结构和公司绩效［J］.管理世界，2004（9）：123-128，136.

［84］杨翠霞.终极控制人对资本结构影响的实证研究［D］.厦门：厦门大学，2009.

［85］贾明，张喆，万迪昉.终极控制权结构下上市公司实际控制人治理行为［J］.系统工程理论与实践，2008（12）：1-18.

［86］雷红生，陈忠卫.高管团队内情感冲突、企业家精神与公司成长性绩效关系的实证研究［J］.财贸研究，2008（2）：105-111.

[87] 温毓敏．终极控制人、股权制衡与债务融资结构 [J]．财会通讯，2016，719（27）：93－97．

[88] 郑茂．我国上市公司财务风险预警模型的构建及实证分析 [J]．金融论坛，2003（10）：38－42，50．

[89] 德姆塞茨．所有权、控制与企业 [M]．北京：经济科学出版社，2000．

[90] 刘少波．控制权收益悖论与超控制权收益——对大股东侵害小股东利益的一个新的理论解释 [J]．经济研究，2007（2）：86－97．

[91] 刘建伟．控股股东、管理层来源与代理成本 [J]．广东财经大学学报，2005（6）：64－70．

[92] 刘星，付强，郝颖．终极控制人代理、两权分离模式与控制权私利 [J]．系统工程理论与实践，2015，35（1）：75－85．

[93] 操君．我国上市公司控制权与资本结构关系研究 [D]．厦门：厦门大学，2009．

[94] 韩亮亮，李凯．控制权、现金流权与资本结构——一项基于我国民营上市公司面板资料的实证分析 [J]．会计研究，2008（3）：68－75，98．

[95] 韩亮亮，李凯，方圆．金字塔股权结构、终极股东控制与资本结构 [J]．管理评论，2009（5）：37－43．

[96] 韩翼，廖建桥．员工离职影响因素的实证研究 [J]．经济管理，2007（11）：60－65．

[97] 魏立群，王智慧．我国上市公司高管特征与企业绩效的实证研究 [J]．南开管理评论，2002（4）：16－22．

[98] 储小平．职业经理与家族企业的成长 [J]．管理世界，2002（4）：100－108．

[99] 苏启林，朱文．上市公司家族控制与企业价值 [J]．经济研究，2003（8）：36－45，91．

［100］罗进辉, 李雪. 股权的家族化、家族高管与家族企业业绩 ［J］. 南方经济, 2017 （9）: 1 - 20.

［101］权小锋, 吴世农, 文芳. 管理层权力、私有收益与薪酬操纵 ［J］. 经济研究, 2010 （11）: 75 - 89.

［102］龚玉池. 公司绩效与高层更换 ［J］. 经济研究, 2001 （10）: 75 - 82, 96.

［103］A. A. Berle Jr. For whom corporate managers are trustees: a note. *Harvard Law Review*, 1932, 45 （8）: 1365 - 1372.

［104］Andrei Shleifer, Robert W. , Vishny. The limits of arbitrage. Nber Working Papers, 1997, 52 （1）: 35 - 55.

［105］Barclay M. J. , Holderness C. G. Private benefits from control of public corporations. *Journal of Financial Economics*, 1989, 25 （2）: 371 - 395.

［106］Beckman C. M. The influence of founding team company affiliations on firm behavior. Courtly letters in the age of Henry Ⅷ. 2006.

［107］Bhagat S. , Carey D. C. , Elson C. M. Director ownership, corporate performance, and management turnover. Social Science Electronic Publishing.

［108］Boeker W. , Goodstein J. Organizational performance and adaptation: effects of environment and performance on changes in board composition. *Academy of Management Journal*, 1991, 34 （4）: 805 - 826.

［109］Boyd B. K. CEO duality and firm performance: a contingency model. *Strategic Management Journal*, 1995, 16 （4）: 301 - 312.

［110］Cannella A. A. , Park J. , Lee H. U. Top management team functional background diversity and firm performance: examining the roles of team member colocation and environmental uncertainty. *Academy of Management Journal*, 2008, 51 （4）: 768 - 784.

［111］ Collis D. J. , Montgomery C. A. Competing on resources: strategy in the 1990s. *Knowledge and Strategy*, 1995, 73 (4): 25 –40.

［112］ Dalton D. R. , Daily C. M. , Ellstrand A. E. , Johnson J. L. Meta-analytic reviews of board composition, leadership structure, and financial performance. *Strategic Management Journal*, 1998, 19 (3): 269 –290.

［113］ Denis D. J. , Denis D. K. , Sarin A. Ownership structure and top executive turnover. *Journal of Financial Economics*, 1997, 45 (2): 193 –221.

［114］ Dyck I. J. , Zingales L. Private Benefits of Control: An International Comparison. *Journal of Finance*, 2002, 59 (2): 537 –600.

［115］ Eisenhardt K. M. Agency theory: an assessment and review. *Academy of Management Review*, 1989, 14 (1): 57 –74.

［116］ Fama E. F. Agency problems and the theory of the firm. *Journal of Political Economy*, 1980, 88 (2): 288 –307.

［117］ Fama E. F. , Jensen M. C. Separation of ownership and control. *The Journal of Law and Economics*, 1983, 26 (2): 301 –325.

［118］ Finkelstein J. M. , Jordan B. D. The simple analytics of depository intermediary soundness regulations: a pedagogic note. *Mid – Atlantic Journal of Business*, 1992.

［119］ Goyal, Vidhan K. , Park, Chul W. Board leadership structure and CEO turnover. *Journal of Corporate Finance*, 2002, 8 (1): 49 –66.

［120］ Grossman, Sanford J. , Hart, Oliver D. One share-one vote and the market for corporate control. *Journal of Financial Economics*, 1987, 20.

［121］ Harris, Milton, Raviv, Artur. Corporate governance: voting rights and majority rules. *Journal of Financial Economics*, 1988, 20 (1 –2): 203 –235.

［122］ Hart O. , Moore J. Property rights and the nature of the firm. *Journal of Political Economy*, 1990, 98 （6）: 1119 – 1158.

［123］ Hill C. W. , Snell S. A. Effects of ownership structure and control on corporate productivity. *Academy of Management Journal*, 1989, 32 （1）: 25 – 46.

［124］ Holderness, Clifford G. , Sheehan, Dennis P. The role of majority shareholders in publicly held corporations: an exploratory analysis. *Journal of Financial Economics*, 1988, 20 （1 – 2）: 317 – 346.

［125］ Jannine Poletti Hughes. Corporate value, ultimate control and law protection for investors in Western Europe. *Management Accounting Research*, 2009, 20 （1）: 41 – 52.

［126］ Jensen M. C. , Meckling W. H. Theory of the firm: managerial behavior, agency costs and ownership structure. *Journal of Financial Economics*, 1976, 3 （4）: 305 – 360.

［127］ Jensen M. C. , Ruback R. S. The Market for corporate control: the scientific evidence. *Journal of Financial Economics*, 2002: 5 – 50.

［128］ Jensen M. C. , Warner J. B. The distribution of power among corporate managers, shareholders, and directors. *Journal of Financial Economics*, 1988: 3 – 24.

［129］ La Porta R. , Lopezdesilanes F. , Shleifer A. , Vishny R. W. Investor protection and corporate governance. *Journal of Financial Economics*, 2000, 58 （12）: 3 – 27.

［130］ Leech D. Ownership concentration and the theory of the firm: a simple-game-theoretic approach. *Journal of Industrial Economics*, 1987, 35 （3）: 225 – 240.

［131］ Maher M. , Andersson T. Corporate governance: effects on firm performance and economic growth.

[132] Majumdar S. K. The impact of size and age on firm-level performance: some evidence from India. *Review of Industrial Organization*, 1997, 12 (2): 231 -241.

[133] Mara Faccio, Larry H. P. Lang. The ultimate ownership of western European corporations. *Journal of Financial Economics*, 2002, 65 (3): 365 -395.

[134] Megginson W. L. Restricted voting stock, acquisition premiums, and the market value of corporate control. *The Financial Review*, 1990, 25 (2): 175 -198.

[135] Mehran H. Executive compensation structure, ownership and firm performance. *Journal of Financial Economics*, 1995, 38 (2): 163 -184.

[136] Michael J. Barclay, Clifford G. Holderness. Private benefits of control of public corporations. *Journal of Financial Economics*, 1989, 25 (2): 371 -395.

[137] Morck R. , Shleifer A. , Vishny R. W. Management ownership and market valuation: an empirical analysis. *Journal of Financial Economics*, 1988: 293 -315.

[138] Myeong - Hyeon Cho. Ownership structure, investment, and the corporate value: an empirical analysis. *Journal of Financial Economics*, 1998, 47 (1): 103 -121.

[139] Pi, L. K. , Timme S. G. Corporate control and bank efficiency. *Journal of Banking and Finance*, 1993: 515 -530.

[140] Roberto Mura, Maria - Teresa Marchica. Direct and ultimate ownership structures in the UK: an intertemporal perspective over the last decade. *Corporate Governance an International Review*, 13 (1): 26 -45.

[141] Shleifer A. , Vishny R. W. Large shareholders and corporate control. *Journal of Political Economy*, 1986, 94 (3): 461 -488.

[142] Shleifer, Andrei, Vishny, Robert W. Large shareholders and corporate control. *Journal of Political Economy*, 1986, 94 (3): 461 – 488.

[143] Short H. , Keasey K. Managerial ownership and the performance of firms: evidence from the UK. *Journal of Corporate Finance*, 1999, 5 (1): 79 – 101.

[144] Smith B. F. , Amoakoadu B. Management succession and financial performance of family-controlled firms. *Journal of Corporate Finance*, 1999, 5 (4): 341 – 368.

[145] Stulz R. M. Managerial control of voting rights: financing policies and the market for corporate control. *Journal of Financial Economics*, 1988: 25 – 54.

[146] Wagner J. A. , Stimpert J. L. , Fubara E. I. Board composition and organizational performance: two studies of insider/outsider effects. *Journal of Management Studies*, 1998, 35 (5): 655 – 677.